吉村貴之 編

アルメニア語
基礎 1500 語

東京 **大学書林** 発行

はじめに

　本書はアルメニア語の重要単語をまとめたものである。現代のアルメニア語は、旧ソ連のアルメニア共和国で国語とされる東アルメニア語と、トルコのイスタンブルで形成され、欧米のアルメニア人の間で標準語とされる西アルメニア語とに大別されるが、本語彙集は、本邦で初めて東アルメニア語を取り上げる試みとなる。

　本書の構成として、基本単語の一覧に先立ち、アルメニア語特有の文字と発音について解説し、その読みの練習として、日常的な挨拶表現を掲載した。また、地名、曜日と月の名、さらに数詞は一覧にした方が使いやすいと考え、巻末付録としてまとめておいた。あわせて、複合語の作り方や代表的な接辞の一覧も載せることにした。アルメニア語は造語能力が高く、複数の語を組み合わせて新語を生み出したり、接頭辞や接尾辞を使って品詞転換を行ったりする。アルメニア共和国では、ソ連時代より、外来語をアルメニア語固有の単語に置き換えようとする言語浄化運動が続けられているため、こうした語形成を理解しておくことは、学習者が語彙力を高めるのに有益かと思われる。

　本書を上梓するに当たり、言語学者の黒田龍之助氏には出版社を紹介していただいたうえに、語学書の作成に不慣れな編者に、書式や用語面でのご助言をいただいた。さらに、編集の佐藤歩武氏は、公務多忙で執筆意欲が萎えがちな編者を、辛抱強く出版への道を導いてくださった。この場を借りて御礼申し上げたい。

2016 年 6 月 30 日　　　　　　　　　　　　　　　編　者

目　次

凡例 ·· iii

文字と発音 ·· iv

基本の挨拶表現 ·· vii

基本単語 ··· 1

付録

　地名、曜日と月の名、数詞 ································ 85

　アルメニア語の複合語と接辞 ······························ 89

凡　例

品詞の略号一覧

［名］	名詞
［代］	代名詞
［助数］	助数詞
［疑］	疑問詞
［動］	動詞
［助動］	助動詞
［形］	形容詞
［副］	副詞
［接］	接続詞
［関］	関係詞
［前］	前置詞
［後］	後置詞
［感］	感嘆詞

参考文献

N. Baratyan ed., Armenian–English Dictionary, Yerevan, 2004

A. V. Gevorkian, East Armenian Course, Yerevan, 2000

Дж. А. Гарибян, Армянско-русский словарь, Москва, 2010

Н. А. Парнасян, Ж. К. Манукян, Самоутитель армянского языка, Ереван, 1990

С. Тиоян, О. Григорян, Р. Урутян, Самоутитель армянского языка, Ереван, 2007

文字と発音

アルメニア文字は、アルメニア人のキリスト教聖職者メスロプ・マシュトツが紀元5世紀頃にギリシア文字や古代シリア文字などを参考に創造した。かつては文字ごとに名称が付いていたが、現在のアルメニア語(東)ではその文字の音価で呼ぶのが一般的である。

文字		ラテン文字転写	
Ա	ա	a	
Բ	բ	b	
Գ	գ	g	
Դ	դ	d	
Ե	ե	ye (語頭で)、e (語中・語尾で)	
Զ	զ	z	
Է	է	e	
Ը	ը	ə	曖昧母音。舌の力を抜いてウと発音
Թ	թ	t'	/'/ は有気音を表す
Ժ	ժ	zh	/ʒ/
Ի	ի	i	日本語のイよりは口を横に引く
Լ	լ	l	
Խ	խ	kh	/x/
Ծ	ծ	tz	口を横に引いて柔らかくツを発音する独特の子音
Կ	կ	k	
Հ	հ	h	
Ձ	ձ	dz	/ʣ/

Ղ	ղ	gh	/ɣ/
Ճ	ճ	ch	/ʧ/
Մ	մ	m	
Յ	յ	y	/j/
Ն	ն	n	
Շ	շ	sh	/ʃ/
Ո	ո	vo（語頭で）、o（語中・語尾で）	
Չ	չ	ch‘	/ʧ‘/
Պ	պ	p	
Ջ	ջ	j	/ʤ/
Ռ	ռ	rr	いわゆる巻き舌
Ս	ս	s	
Վ	վ	v	
Տ	տ	t	
Ր	ր	r	舌先を上の歯ぐきに接近させる。語頭にはごく稀にしか来ない
Ց	ց	ts‘	/ʦ‘/ は日本語のツに近い有気音
Ու (ՈՒ)	ու	u	日本語のウよりは口をとがらせる
Փ	փ	p‘	
Ք	ք	k‘	
	և		yev（語頭で）、ev（語中・語尾で） ե と վ が連続する場合のみ使われる。もともと筆記体を活字化したもので、活字がない場合には եւ で代用
Օ	օ	o	
Ֆ	ֆ	f	

＊アルメニア共和国の正書法では、綴りと発音の一致が図られているが、例外もある。特に目立つのは、ր の後に来る有声破裂音・破擦音の有気化という現象である。

例：կարդալ /kart‘al/, վերջ /vertʃ‘/

一方で、単語によっては ր の後でないのに有気化する場合もある。

例：օգնել /ok‘nel/, շաբաթ /ʃap‘at‘/

また、語尾の հ が発音されない場合がある。

例：աշխարհ /aʃxar/, նախագահ /naxaga/,
սրահ /səra/, ճանապարհ /ʧanapar/

＊アルメニア語は、一つの音節内で口の中で舌を大きく動かす子音連続や三重子音が出現するのを嫌うため、綴りになくても曖昧母音を挿入して支えにする。

例：մնալ /mənal/, հետաքրքիր /hetak‘ərk‘ir/

＊なお、本編では上記のような綴字通りに発音されない単語についてのみ、/ / で音声記号を付けた。

＊アクセントは、原則として単語の最終母音にあるが、極一部例外がある。なお、アルメニア語のアクセントは母音をはっきり発音すればよいだけなので、必ずしも音が延びたり、音程が高くなったりするわけではない。

基本の挨拶表現
（ラテン文字転写の例）

Բարև: Barev.	こんにちは。（24 時間使える）
Բարև ձեզ: Barev dzez.	こんにちは。（丁寧な言い方。Ձեզ のように大文字を使う書き方もある）
Ողջույն: Voghjuyn.	こんにちは。（24 時間使えるが、割に保守的な人が好む）
Բարի լույս: Bari luys.	おはよう。
Բարի օր: Bari or.	こんにちは。
Բարի երեկո: Bari yereko.	こんばんは。
Բարի գիշեր: Bari gisher.	おやすみなさい。
Ցտեսություն: Ts‘tesut‘yun.	さようなら。
Հաջողություն: Hajoghut‘yun.	さようなら。（原義は、「ご成功を」）
Բարի գալուստ: Bari galust.	いらっしゃいませ。
Համեցեք: Hamets‘ek‘.	どうぞ。いらっしゃい。

基本の挨拶表現	[viii]
Ինչպե՞ս եք: Inch'pes ek'?	ご機嫌いかがですか。(丁寧な言い方。くだけた発音では、Ո՞նց եք: Vonts' ek'?)
Լավ եմ: Lav em.	元気です。
Լավ չեմ: Lav ch'em.	元気ではありません。
Ոչինչ: Voch'inch'.	まあまあです。(最初の母音にアクセントを置く話者が多い)
Կամաց-կամաց: Kamats'-kamats'	まあまあです。(口語的)
Ինչպե՞ս են գործերդ: Inch'pes en gortzerd?	調子はどう？(文字通りには、「君の仕事はどう？」)
Ի՞նչ կա չկա: Inch' ka ch'ka?	どんな感じ？(俗語。文字通りには、「何かある、ない？」)
Շնորհակալություն: Shnorhakalut'yun.	ありがとうございます。(ただし、フランス語の merci を使う人も多い)
Շատ շնորհակալ եմ: Shat shnorhakal em.	ありがとうございます。(Հազար մերսի: Hazar mersi. も普及している)
Չարժի: Ch'arzhi.	それほどでも。
Խնդրեմ: Khndrem.	どういたしまして。(命令文とともに「どうか」、物を渡す時に「どうぞ」という意味でも用いられる)

基本の挨拶表現

Մի րոպե: Mi rope.	ちょっと、いいですか。(「待ってください」の意味でも)
Ներողություն: Neroghut'yun.	すみません。
Ներեցե՛ք: Nerets'ek'.	ごめんなさい。
Ոչինչ: Voch'inch'.	何てことないです。

＊文末の：は、西欧語と違い、アルメニア語では句点、一方，は西欧語と同じ読点である。՞は疑問符で、՛は強勢符である。疑問符と強勢符は文意を決定するうえで中心となる語のアクセント母音の右肩に付ける。他に、感嘆符՜ならびに、アルメニア語独特の符号として、休止符՝がある。感嘆符は、感嘆詞や詠嘆を込めたい語のアクセント母音の右肩に付ける。一方、休止符は様々な用法があるが、典型的なものとしては、文法上、発音する際に一呼吸置く必要がある場合、その語末の右肩に付ける。(実例は、本編を参照のこと。)

Ա

ագահ	[形]	貪欲な
ադրբեջանցի	[名]	アゼルバイジャン人
ազատ	[形]	自由な、暇な
ազատել, ազատագրել	[動]	解放する
ազատորեն	[副]	自由に
ազատություն	[名]	自由
ազգ	[名]	民族、国民
ազգական	[名]	親戚
ազգային	[形]	民族の、国民の
ազգանուն	[名]	苗字
ազգություն	[名]	民族性、民族籍
ազդել	[動]	影響する
ազդեցիկ	[形]	影響力のある
ազդեցություն	[名]	影響
ազնիվ	[形]	正確な
ազնվորեն	[副]	正確に
ազնվություն	[名]	正確さ
աթոռ	[名]	椅子
ալիք	[名]	波
ալյուր	[名]	小麦粉
ախորժակ	[名]	食欲
ախ	[感]	ああ
ածական	[名]	形容詞
ականջ	[名]	耳
ակնարկ	[名]	一瞥
ակնկալել /akənkalel/	[動]	期待する

ակնոց	[名] メガネ
ահա	[感] ほら
ահագին	[形] かなりの(量の) [副] かなり
ահավոր	[形] ぞっとする、おぞましい
աղ	[名] 塩
աղալ	[動] 挽く、破砕する
աղաղակ	[名] 叫び
աղբ	[名] ゴミ
աղբյուր	[名] 泉、(情報の)出所
աղել	[動] 塩を振る
աղի	[形] 塩辛い
աղջիկ /axʧ'ik/	[名] 少女、娘
աղքատ /axk'at/	[形] 貧しい
աճ	[名] 成長
աճել	[動] 成長する
ամայի	[形] 無人の、砂漠の、不要の
աման	[名] 皿
ամանեղեն	[名] 食器
ամաչել	[動] 恥じる
ամառ	[名] 夏
ամառանոց	[名] 別荘
ամառային	[形] 夏の
ամբողջ	[代] 全体 [形] 全体の
ամբողջովին	[副] 全体的に
ամեն	[代] すべて [形] すべての
ամեն մեկը	[代] 誰でも
ամեն ինչ, ամեն բան	[代] 何でも
ամենուր	[副] どこでも
ամենքը	[代] 皆が(複数)
ամենօրյա	[形] 毎日の

ամիս	［名］(暦の)月
ամոթ	［名］恥
ամպ	［名］雲
ամպամած	［形］曇った
ամպել	［動］曇る
ամպրոպ	［名］雷
ամսագիր	［名］月刊誌
ամսաթիվ	［名］日付
ամրոց	［名］要塞
ամուսին	［名］夫
ամուսնանալ	［動］結婚する
ամուսնացած	［形］既婚の
ամուսնություն	［名］婚姻
ա՜յ քեզ բան	［感］まったく！
այբուբեն	［名］アルファベット
այգի	［名］庭、公園
այդ /ajt'/	［代］その、あの
այդպես /ajt'pes/	［副］そのように、あのように
այդպիսի /ajt'pisi/	［形］そのような、あのような
այդտեղ /ajt'teɣ/	［副］そこで、そこへ
այդքան /ajt'k'an/	［副］それほど、あまりにも
այժմ /ajʒəm/	［副］現在は、今
այլ	［代］他 ［形］他の
այլևս /ajlevəs/	［副］これ以上
այն	［代］あの、例の
այնպես	［副］あのように
այնպիսի	［形］あのような
այնտեղ	［副］あそこで、あそこへ
այնուամենայնիվ	［接］それにもかかわらず
այնքան	［副］あれほど、あまりにも
այո	［感］はい

այս	［代］この
այսինքն /ajsink‘ən/	［副］つまり
այսպես	［副］このように
այսպիսի	［形］このような
այստեղ	［副］ここで、ここへ
այսքան	［副］これほど
այսօր	［名］今日　［副］今日
այտ	［名］頬
այցելել	［動］訪問する
այցելություն	［名］訪問
անարժեք	［形］価値のない
անբաժան	［形］不可分の
անբան	［形］怠惰な
անգամ /ank‘am/	［名］回、倍
անգլերեն	［名］英語　［形］英語の　［副］英語で
անգլիացի	［名］イギリス人
անգլուհի	［名］イギリス人女性
անգործ	［形］無職の
անգույն	［形］無色の
անդամ	［名］メンバー
անել	［動］する
աներ	［名］妻方の義理の父
անընդհատ	［形］絶え間ない
անժամանակ	［形］時期外れの
անիմաստ	［形］無意味な
անծանոթ	［形］見知らぬ
անկասկած	［形］疑いのない
անկյուն	［名］角、隅
անկողին	［名］ベッド、寝台
անհամար	［形］数えきれない、無尽蔵の

անհայտ	[形] 不明の、未開の
անհանգիստ	[形] 落ち着かない
անհատ	[名] 個人
անհատական	[形] 個人の
անհրաժեշտ	[形] 必要不可欠な
անձ	[名] 個人
անձամբ	[副] 個人的に
անձավ	[名] 洞窟
անձեռոցիկ	[名] ナプキン
անձնագիր	[名] パスポート、旅券
անձնական	[名] スタッフ、人員 [形] 個人の、自分の
անձնավորություն	[名] 個人、個性
անձրև	[名] 雨
անձրևանոց	[名] 傘
անձրևոտ	[形] 雨がちの
անճանաչելի	[形] 見知らぬ
աննշան	[形] 取るに足らない
աննպատակ	[形] 目的もない、無為な
անշուշտ	[形] 疑いのない
անորակ /anvorak/	[形] 質の悪い
անորոշ	[形] 不定の
անպայման	[副] 絶対に
անջատել	[動] 途切れる、スイッチを切る
անջատում	[名] 分離、切断
անվանել	[動] 名づける
անվանում	[名] 命名、呼称
անտառ	[名] 森
անտարբեր	[形] 無関心な
անտարբերություն	[名] 無関心
անտուն	[形] ホームレスの

անց	[後] (時間が)～過ぎた
անցագիր	[名] 通行証、入館証
անցկացնել	[動] 行う、進める
անցյալ	[形] 過去の
անցնել	[動] 通り過ぎる
անցում	[名] 通路
անցք	[名] 穴、出来事
անուն	[名] 名前
անուշ	[形] 甘い、心地よい
անուշադիր	[形] 不注意な
անփոփոխ	[形] 不変の
անքուն	[形] 不眠の
անօգուտ /anok'ut/	[形] 不要な
աշակերտ	[名] (初等教育の)生徒、弟子
աշակերտուհի	[名] (初等教育の)女生徒、女弟子
աշակերտական	[形] 生徒の
աշխատակից	[名] 職員、同僚
աշխատանք	[名] 仕事
աշխատանքային	[形] 仕事の
աշխատասեր	[形] 勤勉な
աշխատավարձ	[名] 給料
աշխատել	[動] 働く
աշխատող	[名] 労働者
աշխարհ /aʃxar/	[名] 世界
աշխարհագրագետ	[名] 地理学者
աշխարհագրական	[形] 地理学の
աշխարհագրություն	[名] 地理学
աշխարհահռչակ /aʃxarahərrʧ`ak/	[形] 世界的に有名な
աշխարհամաս	[名] 大陸

աշնանային ［形］秋の
աշուն ［名］秋
աչք ［名］目
ապա ［副］そうすると
ապագա ［名］未来
ապրել ［動］住む、生きる
ապուր ［名］スープ
աջ /atʃ'/ ［名］右 ［副］右に
առած ［名］ことわざ
առանձին ［形］個別の ［副］別々に
առանձնապես ［副］別々に
առանձնատուն ［名］一軒家
առանց ［前］〜なしで
առաջ /arratʃ'/ ［後］（空間的に）〜の前に、（時間的に）〜の前に、（期間）〜前に
առաջադրանք /arratʃ'adrank'/ ［名］課題、仕事
առաջանալ /arratʃ'anal/ ［動］表れる
առաջարկել /arratʃ'arkel/ ［動］勧める
առաջավոր /arratʃ'avor/ ［形］前方の、先進の
առաջնորդ /arratʃ'nort'/ ［名］指導者
առասպել ［名］神話、伝説
առաստաղ ［名］天井
առավոտ ［名］朝
առավոտյան ［形］朝の ［副］朝に
առարկա ［名］物体、テーマ
առևտրական ［形］商業の、貿易の
առևտուր ［名］商業、貿易
առթիվ ［後］〜に関して
առիթ ［名］機会、基盤
առնել ［動］手に入れる、買う

առնվազն /arrnəvazən/ ［副］少なくとも
առողջ /arroxʧ'/ ［形］健康的な
առողջանալ /arroxʧ'anal/ ［動］元気になる
առողջացնել /arroxʧ'ats'nel/ ［動］癒す
առողջություն /arroxʧ'ut'jun/ ［名］健康
առջև ［後］前に、正面に
առջևում ［副］前で、正面で
ասել ［動］言う
ասելիք ［名］話
ասենք թե ［感］言ってみれば
աստիճան ［名］度合、段階、ランク
աստված ［名］神
ավագ ［名］年長者 ［形］年長の
ավազ ［名］砂
ավանդույթ ［名］伝統
ավարտել ［動］終える
ավելացնել ［動］加える、増やす
ավելի ［副］一層の（比較級を作る）
ավեր ［形］壊された
ավերակ ［名］廃墟、遺跡
ավտոբուս ［名］バス
ավտոմեքենա ［名］自動車
ատամ ［名］歯
ատել ［動］嫌う
ատելություն ［名］嫌悪
արագ ［形］急の ［副］急いで
արագացում ［名］加速
արագորեն ［副］急いで
արագություն ［名］速度
արարք ［名］行動
արբանյակ ［名］衛星

արգելել ［動］禁止する
արգելք ［名］禁止
արդար ［形］公正な
արդարացնել ［動］正当化する
արդեն ［副］既に
արդյոք ［接］～かどうか(= թե)
արդյունաբերական ［形］産業の、工業の
արդյունաբերություն ［名］産業、工業
արդյունք ［名］結果、製品
արթնանալ ［動］目覚める
արժանանալ ［動］価値がある
արժանիք ［名］長所、利点
արժել, արժենալ ［動］(値段が)～する
արժեք ［名］価値
արժեքավոր ［形］価値ある
արծաթ ［名］銀
արծաթե ［形］銀製の
արծիվ ［名］鷲
արձակել ［動］放つ、緩める
արձակուրդ ［名］休暇
արձան ［名］銅像、記念碑
արձանագրություն ［名］記録
արկղ /arkəɣ/ ［名］箱
արմատ ［名］根、語根
արյուն ［名］血
արջ ［名］熊
արվեստ ［名］芸術
արտ ［名］畑
արտագրել ［動］書き写す
արտադրանք ［名］生産
արտահայտել ［動］表現する

արտասահման	［名］国外
արտաքին	［形］外の、国外の
արև	［名］太陽
արևելյան	［形］東の、東洋の
արևելք	［名］東(大文字で始めると「東洋」)
արևմտյան	［形］西の、西洋の
արևմուտք	［名］西(大文字で始めると「西洋」)
ափ	［名］岸
ափսե	［名］皿
ափսո՜ս	［感］残念！
ափսոսել	［動］遺憾の念を表する
ափսոսանք	［名］後悔
աքսոր	［名］追放

Բ

բա՜	［感］もう！
բադրիջան	［名］ナス
բազկաթոռ	［名］肘掛け椅子、アームチェア
բազմաթիվ	［形］数多くの
բազմահարկ	［形］高層階の
բազմոց	［名］ソファー
բազուկ	［名］腕、腕力
բաժակ	［名］コップ　［助数］～杯
բաժանել	［動］分ける
բաժանվել	［動］別れる、離婚する
բաժին	［名］部門

բալ	[名] さくらんぼ
բախտ	[名] 幸運、運命
բախտավոր	[形] 幸運な
բակ	[名] 庭
բաղկանալ /baxkanal/	[動] (〜から)なる
բաղնիք	[名] 風呂、風呂屋
բաճկոն	[名] ジャケット
բամբակ	[名] 綿
բայ	[名] 動詞
բայց	[接] しかし
բան	[名] 物事、言葉
բանալի	[名] 鍵
բանակ	[名] 軍隊
բանական	[形] 合理的な
բանասիրական	[形] 文献学の、人文学の
բանաստեղծ	[名] 詩人
բանաստեղծություն	[名] 詩
բանաստեղծական	[形] 詩の
բանջարեղեն	[名] 野菜
բանվոր	[名] 労働者
բառ	[名] 単語
բառարան	[名] 辞典
բավական	[形] 十分な
բավականություն	[名] 十分さ
բավականանալ	[動] 十分である
բարակ	[形] 薄い
բարակել	[形] 細くなる
բարբառ	[名] 方言、俗語
բարդ	[形] 複雑な
բարեգործական	[形] 慈善の
բարեգործություն	[名] 慈善事業

բարեբախտաբար	[副]	幸運にも
բարեկամ	[名]	親友
բարեկամաբար	[副]	友好的に
բարեկամություն	[名]	友情
բարի	[形]	親切な、よい
բարկանալ	[動]	怒る
բարձ	[名]	枕
բարձր /barts'ər/	[形]	高い
բարձրահասակ /barts'rahasak/	[形]	背の高い
բարձրանալ	[動]	登る
բարձրություն	[名]	高さ、丘
բարություն	[名]	親切さ
բարևել	[動]	挨拶する
բաց	[形]	開いた、公開の
բացակա	[形]	欠席の
բացակայել	[動]	欠席する
բացակայություն	[名]	欠席
բացականչական	[形]	感嘆の
բացականչել	[動]	叫ぶ
բացասական	[形]	否定的な
բացառություն	[名]	例外
բացատրել	[動]	説明する
բացել, բանալ	[動]	開ける
բացի	[前]	〜を除いて
բացվել	[動]	開かれる
բեղ	[名]	口髭
բեմ	[名]	舞台
բեռ	[名]	積荷
բերան	[名]	口
բերդ	[名]	要塞

բերել ［動］持って来る
բերք ［名］収穫
բժիշկ /bəʒiʃk/ ［名］医者
բժշկական /bəʒəʃkakan/ ［形］医学の
բժշկություն /bəʒəʃkut'jun/ ［名］医療
բժշկուհի /bəʒəʃkuhi/ ［名］女医
բնական /bənakan/ ［形］天然の、本物の
բնակավայր /bənakavajr/ ［名］居住地
բնակարան /bənakaran/ ［名］アパート
բնակիչ /bənakiʧ'/ ［名］住民
բնակչություն /bənakʧ'ut'jun/ ［名］人口
բնակվել /bənakvel/ ［動］居住する
բնավորություն /bənavorut'jun/ ［名］性格
բնորոշ /bənoroʃ/ ［形］個性的な
բնություն /bənut'jun/ ［名］自然
բնույթ /bənujt'/ ［名］本性、本質
բոլոր(ը) ［代］すべて、皆 ［形］すべての、皆の
բոլորովին ［副］全く
բողկ /boxk/ ［名］大根、ラディッシュ
բողոք ［名］苦情
բովանդակություն ［名］内容、目次
բջջային /bədʒdʒajin/ (հեռախոս) ［名］携帯電話
բռնակ /bərrnak/ ［名］取っ手
բռնել /bərrnel/ ［動］つかむ
բրինձ /bərindz/ ［名］米
բուդդայականություն ［名］仏教
բութ ［名］休止符（ ՝ ） ［形］鈍い
բուժքույր ［名］看護婦

բուհ	[名] (略語)高等教育機関
բույս	[名] 植物
բուսաբանական	[形] 植物学の
բուսական	[形] 植物の
բուրդ	[名] 羊毛

Գ

գագաթ	[名] 山頂
գազար	[名] 人参
գալ	[動] 来る
գալուստ	[名] 来訪
գաղափար	[名] アイデア
գաղափարախոսություն	[名] 思想、イデオロギー
գաղափարապես	[名] 思想家
գաղտնի /gaxtni/	[形] 秘密の
գաղտնիք /gaxtnik'/	[名] 秘密
գայլ	[名] 狼
գանձ	[名] 宝
գառ	[名] (子)羊
գարեջուր	[名] ビール
գարնանային	[形] 春の
գարուն	[名] 春
գդալ	[名] 匙、スプーン
գեղանկարչություն	[名] 絵画
գեղատեսիլ	[形] 絵画的な、顔だちの良い
գեղարվեստ	[名] 芸術
գեղարվեստական	[形] 美術の、虚構の
գեղեցիկ	[形] 美しい

գեղեցկանալ ［動］美しくなる
գեղեցկացնել ［動］美化する
գեղեցկացած ［形］美しくなった、美化された
գեղեցկության սրահ ［名］美容室
գեղեցկություն ［名］美
գեղեցկուհի ［名］美人
գետ ［名］川
գետափ ［名］川岸
գետին ［名］地球、大地
գետնահարկ ［名］地上階
գեր ［形］丈夫な、太った
գերագույն ［形］最高の
գերազանց ［形］優秀な
գերազանցապես ［副］巧みに
գերմանացի ［名］ドイツ人
գերմաներեն ［名］ドイツ語 ［形］ドイツ語の ［副］ドイツ語で
գիծ ［名］線
գին ［名］価格
գինի ［名］ワイン
գիշեր ［名］夜、深夜
գիշերային ［形］夜の
գիտական ［形］学問の
գիտակից ［形］意識した
գիտակցել ［動］意識する
ցիտակցություն ［名］意識
գիտելիք ［名］知識
գիտենալ, գիտել ［動］知っている
գիտնական ［名］学者
գիտություն ［名］学問
գիր ［名］文字

գիրք	[名] 本
գլխավոր /gəlxavor/	[形] 主要な
գլխավորապես /gəlxavorapes/	[副] 主に
գլխարկ /gəlxark/	[名] 帽子
գլխացավ /gəlxats'av/	[名] 頭痛
գլուխ /gəlux/	[名] 頭
գմբեթ /gəmbet/	[名] 天蓋、ドーム
գյուղ	[名] 村
գյուղացի	[名] 村人、農民
գյուղատնտեսություն	[名] 農業
գնալ /gənal/	[動] 行く
գնահատական /gənahatakan/	[名] 成績
գնահատել /gənahatel/	[動] 評価する
գնացք /gənats'k'/	[名] 列車
գնդակ /gəndak/	[名] 球
գնել /gənel/	[動] 買う
գնորդ /gənort'/	[名] 購買者
գնում /gənum/	[名] 購入
գոլորշի	[名] 蒸気
գոլորշիանալ	[動] 蒸発する
գոհ	[形] 満足した
գոյական	[名] 名詞
գոյություն	[名] 存在
գոնե	[副] 少なくとも、せめて(…ならば)
գովել	[動] 誉める
գովք	[名] 美辞麗句、誉め言葉
գոտի	[名] 帯、ベルト
գորգ	[名] 絨毯
գործ	[名] 仕事
գործակատար	[名] 販売員、セールスマン

գործարան	[名] 工場
գործել	[動] 操作する、機能する
գործընկեր	[名] 同僚
գործիչ	[名] 活動家
գործիք	[名] 道具
գործնական	[形] 実用的な
գործնականորեն	[副] 実用的に
գործողություն	[名] 出張
գործնեություն	[名] 活動
գործունյա	[形] 活動的な
գտնել /gətnel/	[動] 見つける
գտնվել /gətnəvel/	[動] 見つかる、(〜に)ある
գրադարան /gəradaran/	[名] 図書館
գրականություն /gərakanut'jun/	[名] 文学
գրապահարան /gərapaharan/	[名] 書棚
գրասեղան /gəraseɣan/	[名] 書き物机
գրասենյակ /gərasenjak/	[名] 事務所、オフィス
գրավել /gəravel/	[動] 占領する
գրավիչ /gəraviʧ'/	[形] 魅力的な
գրատախտակ /gərataxtak/	[名] 黒板
գրեթե /gəret'e/	[副] ほとんど
գրել /gərel/	[動] 書く
գրիչ /gəriʧ'/	[名] ペン
գրկել /gərkel/	[動] 抱きしめる
գրող /gəroɣ/	[名] 作家
գրպան /gərpan/	[名] ポケット
գրություն /gərut'jun/	[名] 覚え書き、綴り
գուլպա	[名] 靴下、ストッキング
գումար	[名] お金
գումարել	[動] 合計する

գույն ［名］色
գունավոր ［形］色彩的な
գունատ ［形］（顔色が）青白い
գունդ ［名］球、連隊
գունաշկել ［動］青ざめる
գուցե ［副］おそらく、多分

Դ

դա ［代］それ、あれ
դադար /dat‘ar/ ［名］休憩
դադարել /dat‘arel/ ［動］休憩する
դահլիճ ［名］ホール
դանակ ［名］ナイフ、包丁
դանդաղ ［形］ゆっくりとした ［副］ゆっくりと
դաշնամուր ［名］ピアノ
դաշտ ［名］野原、場
դաշտավայր ［名］渓谷、盆地
դառը ［形］苦い
դառնալ ［動］～になる
դառնանալ ［動］苦くなる
դաս ［名］授業
դասագիրք ［名］教科書
դասախոս ［名］（高等教育機関の）教師
դասական ［形］古典の、古典的な
դասակարգ ［名］分類
դասավանդել ［動］教える
դասարան ［名］教室

դասընթաց	［名］集中講義、コース
դասընկեր	［名］級友
դաստիրակություն	［名］躾、教育
դատ	［名］裁判
դատապարտել	［動］判決を出す
դատավորել	［動］訴追する
դատարան	［名］裁判所
դատարկ	［形］空(から)の
դատարկել	［動］空(から)にする
դար	［名］世紀
դարակ	［名］棚
դարձյալ /darʦʻjal/	［副］再び
դարձնել	［動］～に変わる
դեղ	［名］薬
դեղատոմս	［名］処方箋
դեղատուն	［名］薬局
դեղին	［名］黄色　［形］黄色の
դեղձ /deɣʦʻ/	［名］桃
դեմ	［後］～に対して
դեմառդեմ, դեմ-դիմաց	［副］面と向かって
դեմք	［名］顔
դեպի	［前］～の方へ
դեպք	［名］出来事
դեռ	［副］まだ
դեռևս /derrjevəs/	［副］いまだに
դեսպանատուն	［名］大使館
դեր	［名］役割
դերանուն	［名］代名詞
դերասան	［名］俳優
դերբայ	［名］分詞
դժբախտ /dəʒbaxt/	［形］不幸な

դժբախտաբար /dəʒbaxtabar/ ［副］不幸にして
դժոխք /dəʒoxkʻ/ ［名］地獄
դժվար /dəʒvar/ ［形］難しい
դիմավորել ［動］会う、迎える
դիմաց ［後］～の正面に
դիմել ［動］応募する
դիմում ［名］請願書
դիվանագետ ［名］外交官
դիտել ［動］観察する
դիտողություն ［名］観察、所見
դիրք ［名］立場、態度
դնել /dənel/ ［動］置く
դողալ ［動］震える
դպրոց /dəprotsʻ/ ［名］学校
դրախտ /dəraxt/ ［名］天国
դրական /dərakan/ ［形］肯定的な
դրամ /dəram/ ［名］お金、アルメニアの通貨単位
դրամարկղ /dəramarkəɣ/ ［名］レジ、会計
դրամափոխ /dəramapʻox/ ［名］両替商
դրոշակ /dəroʃak/ ［名］旗
դրվածք /dərvatskʻ/ ［名］組織、秩序
դրվել /dərvel/ ［動］置かれる
դրություն /dərutʻjun/ ［名］状態
դու ［代］君
դույլ ［名］バケツ
դուռ ［名］扉、ドア
դուստր /dustər/ ［名］娘
դուր գալ ［動］～の気に入る
դուրս ［名］外部 ［副］外で、外へ ［後］～の外で

դուրս գալ	[動] 外出する
դուք	[代] あなた、君たち

Ե

եզակի	[名] 単数 [形] 単数の
եզրակացնել	[動] 結論付ける
եզրակացություն	[名] 結論
եթե	[接] もし〜なら
ելնել	[動] 出る
ելույթ	[名] 演説
ելք	[名] 出口
եկեղեցի	[名] 教会
եղանակ	[名] 気候、天候
եղբայր /jexp'ajr/	[名] 兄弟
եղեռն	[名] 屠殺、虐殺
ենթադրել	[動] 思う、想定する
ենթադրություն	[名] 仮定
ենթակա	[名] 主語 [形] (〜に)従属した
ենթարկել	[動] 服従させる
եռալ	[動] 沸く
եռակի	[形] 3重の、3倍の
եռամյա	[形] 3周年の
եռանկյուն	[名] 三角形
եռանկյունի	[形] 三角形の
եռացնել	[動] 茹でる、沸かす
ես	[代] 私
երազ	[名] 夢
երազանք	[名] 夢想

երազել ［動］夢見る
երաժիշտ ［名］音楽家
երաժշտություն ［名］音楽
երանգ ［名］ニュアンス、影
երանի ［感］～だったらなあ
երբ ［疑］いつ ［接］～する時に
［関］～する時の
երբեմն ［副］時々
երբեք ［副］決して
երգ ［名］歌
երգահան ［名］作詞家、作曲家
երգել ［動］歌う
երգիչ ［名］歌手
երգչախումբ ［名］合唱団、コーラス
երեխա ［名］子供
երեկ ［名］昨日 ［副］昨日
երեկո ［名］夕方、晩
երեկոյան ［形］夕方の、晩の ［副］夕方、晩に
երես ［名］表面
երթուղի ［名］ルート、道のり
երթուղային տաքսի ［名］乗り合いタクシー
երիտասարդ ［名］若者 ［形］若い
երիստասարդական ［形］若者の
երիտասարդություն ［名］若者、青春
երկաթ ［名］鉄
երկաթուղի ［名］鉄道
երկաթուղային ［形］鉄道の
երկամյա ［形］２周年の
երկար ［形］長い
երկարացնել ［動］延長する

երկարություն	[名] 長さ
երկինք	[形] 空、天国
երկիր	[名] 国
երկնագույն	[形] 空色の
երկնային	[形] 天上の
երկրաշարժ	[名] 地震
երկրորդական	[形] 副次的な、付属的な
երկուական	[形] 2つずつの [副] 2つずつ
երշիկ	[名] ソーセージ、ハム
երջանիկ	[形] 幸せな、喜ばしい
երջանկություն	[名] 幸せ、喜び
երևալ	[動] 表れる
երևանյան	[形] エレヴァンの
երևանցի	[名] エレヴァン人
երևի	[副] きっと
երևույթ	[名] 現象
եփել	[動] 加熱する、調理する

Զ

զանազան	[形] 様々な
զանգ	[名] 鐘、通話
զանգահարել, զանգել	[動] 電話する
զավակ	[名] 子供、赤ん坊
զարգանալ	[動] 発達する
զարգացած	[形] 発達した、先進の
զարկել	[動] 殴る
զարմանալ	[動] 驚く
զարմանք	[名] 驚き

զբաղեցնել	[動] 占める、従事させる
զբաղվել	[動] 従事する
զբոսանք	[名] 散歩
զբոսաշրջիկ	[名] 旅行者
զբոսնել	[動] 散歩する
զգալ	[動] 感じる
զգացմունք	[名] 感覚
զգացնել	[動] 感じさせる
զգացվել	[動] 感動する
զգեստապահարան	[名] 衣装かけ、クローク
զգույշ	[形] 注意深い
զգուշանալ	[動] 注意する
զգուշացնել	[動] (人に)注意する
զեկուցել	[動] 報告する
զեկուցում	[名] 報告
զեղչ /zextʃʻ/	[名] 割引、セール
զենք	[名] 武器
զինվոր	[名] 兵士
զոհ	[名] 犠牲者
զոհել	[動] 提供する
զոհվել	[動] 犠牲になる
զովացուցիչ	[形] ひんやりした
զորամաս	[名] (軍の)部隊
զորավար	[名] 将軍
զոքանչ	[名] 妻方の義理の母
զվարթ	[形] 楽しい
զրույց /zərujtsʻ/	[名] おしゃべり
զրուցել /zərutsʻel/	[動] 会話する
զուգահեռ /zukʻaherr/	[形] 平行の
զուգարան /zukʻaran/	[名] 手洗い、トイレ
զուլալ	[形] 純粋な

զուր [名] 無駄

Է

էակ [名] 存在、生物
էական [形] 本質的な
էժան [形] 安い
էլ [形] 他の [副] 〜もまた、さらに [接] 一方
էլեկտրակայան [名] 発電所
էլեկտրական [形] 電気の
էլէկտրոնային փոստ [名] 電子メール
էջ [名] 頁
էություն [名] 本質

Ը

ընդամենը /ənt'amenə/ [副] 合計で
ընդհակառակը /ənt'hakarakə/ [副] 逆に
ընդհանրապես /ənt'hanrapes/ [副] 概して、一般的に
ընդհանուր /ənt'hanur/ [形] 総体的な、一般的な
ընդհատ /ənt'hat/ [形] 中断した
ընդհատել /ənt'hatel/ [動] 中断する
ընդմիջում /ənt'mitʃ'um/ [名] 中断、休憩
ընդունարան /ənt'unaran/ [名] 受付、レセプション・ルー

	ム、待合室
ընդունել /ənt'unel/	[動] 受け入れる
ընդունելություն /ənt'unelut'jun/	[名] 受け入れ、レセプション、歓待
ընթացք	[名] 動き、流れ、コース
ընթացքում	[後] ～の間中
ընթերցանություն	[名] 閲覧
ընթերցել	[動] 閲覧する
ընթերցասրահ /ənt'erts'asra/	[名] 閲覧室
ընթրել	[動] 夕食をとる
ընթրիք	[名] 夕食
ընկեր	[名] 友人、同志
ընկերական	[形] 友情の、友好の
ընկերություն	[名] 友情
ընկերուհի	[名] 女友達
ընտանիք	[名] 家族
ընտիր	[形] 最高の、高価な
ընտրական	[形] 選挙の
ընտրել	[動] 選ぶ、選挙する
ընտրող	[名] 選挙人
ընտրություն	[名] 選挙
ըստ	[前] ～によると

թ

թագավոր /t'ak'avor/	[名] 王
թաղել	[動] 埋葬する
թանգարան	[名] 博物館
թան	[名] タン（ヨーグルトに塩水を

	混ぜた飲み物)
թանաք	[名] インク
թանկ	[形] 値段が高い
թանկարժեք	[形] 高価な、価値ある
թաս	[名] 椀、ボウル
թավա	[名] フライパン
թատրոն	[名] 劇場
թարգմանել	[動] 翻訳する、解釈する
թարգմանիչ	[名] 翻訳者、通訳
թարգմանություն	[名] 翻訳、通訳
թարմ	[形] 新鮮な
թափանցիկ	[形] 透明な
թափել	[動] 注ぎだす、流出する
թե	[接] 〜かどうか、あるいは
թե չէ	[接] 〜かどうか
թեթև	[形] 軽い
թելադրել	[動] 独裁を行う、専制支配する
թեյ	[名] 茶
թեյել	[動] お茶を飲む
թեյաման	[名] ティーポット、急須
թերակղզի /t'erakəɣzi/	[名] 半島
թերթ	[名] 新聞
թեք	[形] 坂道の、傾いた
թեքել	[動] 傾ける、お辞儀をする
թեքվել	[動] 傾く
թեև /t'ejev/	[接] 〜ではあるが、〜にもかかわらず
թթվասեր /t'ət'vaser/	[名] サワークリーム
թթու /t'ət'u/	[名] 漬物、ピクルス [形] 酸っぱい
թիկունք	[名] 背中、支援者

թիվ ［名］数、年号
թղթադրամ /t‘əxt‘adram/ ［名］紙幣
թղթակից /t‘əxt‘akiʦ‘/ ［名］特派員、レポーター
թշնամի /t‘əʃnami/ ［名］敵
թշնամություն /t‘əʃnamut‘jun/ ［名］敵意
թողնել ［動］許可する
թոշակ ［名］年金、奨学金
թոռ ［名］孫
թռիչք /t‘ərriʧ‘k‘/ ［名］飛行
թռչել /t‘ərrʧ‘el/ ［動］飛ぶ
թռչուն /t‘ərrʧ‘un/ ［名］鳥
թվաբանություն /t‘əvabanut‘jun/ ［名］算数
թվալ /t‘əval/ ［動］～のように感じる
թվական /t‘əvakan/ ［名］年号 ［形］数の
թութ ［名］クワノミ
թուղթ ［名］紙
թույլ ［形］弱い、悪い
թուր ［名］刀
թուրք ［名］トルコ人
թև ［名］翼

Ժ

ժամ ［名］(時刻の)時、時間
ժամանակ ［名］時間 ［後］～のときに
ժամանակակից ［形］現代の
ժամանակավոր ［形］一時的な
ժամացույց ［名］時計

ժայռ ［名］崖、岩
ժայռային ［形］岩の
ժողով ［名］集会
ժողովածու ［名］コレクション、選集
ժողովել ［動］集まる、集会を開く
ժողովրդական /ʒoɣovərtʻakan/ ［形］人民の、大衆の
ժողովրդականություն /ʒoɣovərtʻakanutʻjun/ ［名］人気
ժողովուրդ ［名］人民、大衆
ժպիտ /ʒəpit/ ［名］笑い、微笑
ժպտալ /ʒəptal/ ［動］笑う、微笑む

Ի

ի ［前］～へ、～によって（古典語に由来し、決まった表現で使われる）
ի միջի այլոց（իմիջիայլոց とも） ［接］ところで
ի վերջո（իվերջո とも） ［副］結局
իբր /ibər/ ［接］～として
իբրև թե ［接］あたかも～のように
իզուր ［副］残念なことに
իհարկե ［副］もちろん
իմ ［代］私の
իմանալ ［動］知っている
իմաստ ［名］意味
իմաստուն ［名］賢者 ［形］賢い

ինչ	[疑] 何　[関] ～ということ
ինչ-որ	[代] 何か
ինչպես	[疑] どのように
ինչպիսի	[疑] どのような
ինչու	[疑] なぜ
ինչքան	[疑] どれくらい(数量を尋ねる)
ինքդ /ink'ət'/	[代] 君自身
ինքը, ինքն	[代] 自分自身
ինքնաթիռ	[名] 飛行機
ինքնահոս	[名] 万年筆
ինքնավար	[形] 自治の
ինքնավստահ /ink'navəstah/	[形] 自信のある
ինքնատիպ	[形] 独特の
ինքնատիպություն	[名] 独自性
ինքնուրույն	[形] 独立した
ինքս /ink'əs/	[代] 私自身
իշխան	[名] 地主貴族、カワマスの一種
իշխանական	[形] 政権の
իշխանություն	[名] 政権
իջեցնել /iʧ'ets'nel/	[動] 降ろす
իջնել /iʧ'nel/	[動] 降りる
իսկ	[接] 一方
իսկական	[形] 本物の
իսկապես	[副] 本当に
իսկույն	[副] すぐに
իսպանացի	[名] スペイン人
իսպաներեն	[名] スペイン語　[形] スペイン語の　[副] スペイン語で
իտալացի	[名] イタリア人
իտալերեն	[名] イタリア語　[形] イタリ

	ア語の　[副] イタリア語で
իր	[代] 自分自身の
իր	[名] 事柄
իրական	[形] 現実の
իրականություն	[名] 実現性
իրավաբան	[名] 弁護士
իրավաբանական	[形] 法的な
իրավունք	[名] 権利
իրար	[代] 互いに
իրենց	[代] 自分たち自身の
իրենք	[代] 自分たち自身
իրոք	[副] とても

Լ

լալ	[動] 泣く
լամպ	[名] ランプ
լայն	[形] 幅広い
լայնանալ	[動] 広がる
լայնորեն	[副] 幅広く
լայնություն	[名] 幅広さ
լավ	[形] よい　[副] よく
լավագույն	[形] 最良の
լավանալ	[動] 改善する
լավաշ	[名] ラヴァシュ（薄皮のパン）
լաց	[形] 泣いている
լեզու	[名] 言語
լեզվաբան	[名] 言語学者
լեզվաբանություն	[名] 言語学

լեհ ［名］ポーランド人
լեհերեն ［名］ポーランド語 ［形］ポーランド語の ［副］ポーランド語で
լեռ ［名］山
լեռնային ［形］山がちな、山岳地帯の
լի（口語では、լիք） ［形］いっぱいの
լիճ ［名］湖
լինել ［動］ある、～である
լիովին ［副］十分に、満ちて
լիություն ［名］充足、十分さ
լիցքավորել ［動］チャージする、強化する
լոբի ［名］豆
լոլիկ ［名］トマト
լող ［名］入浴、水浴び
լողալ ［動］水浴びする、泳ぐ
լողանալ ［動］入浴する
լողասենյակ ［名］風呂場
լողավազան ［名］プール
լողարան ［名］風呂屋
լողափ ［名］ビーチ、海水浴場
լռել /lərrel/ ［動］沈黙する
լռություն /lərrut'jun/ ［名］沈黙
լսարան /ləsaran/ ［名］ホール、講堂
լսել /ləsel/ ［動］聞く
լսող /ləsoɣ/ ［名］聴衆
լսողություն /ləsoɣut'jun/ ［名］聴取、オーディション
լվանալ, լվալ /ləvanal, ləval/ ［動］洗う
լավացվել ［動］（自分自身の体を）洗う
լրագիր /ləragir/ ［名］新聞、新聞紙
լրագրող /ləragəroɣ/ ［名］記者、ジャーナリスト

լրանալ /ləranal/ ［動］一杯になる、完成する
լրացում /lərats‘um/ ［名］完成
լրիվ /ləriv/ ［副］完全に、すべて
լրջություն /lərdʒut‘jun/ ［名］真面目さ
լցնել /ləts‘nel/ ［動］注ぐ、満たす
լուծել ［動］解決する、解散する
լույս ［名］光
լուռ ［形］静かな
լուսաբաց ［名］夜明け
լուսամուտ ［名］窓
լուսանալ ［動］夜が明ける
լուսանկար /lusanəkar/ ［名］写真
լուսանկարչական ［形］写真の
լուսավոր ［形］明るい、啓蒙的な
լուսավորել ［動］照らす、啓蒙する
լուսավորություն ［名］明るさ、啓蒙
լուսին ［名］（天体の）月
լուր ［名］ニュース
լուրջ ［形］真面目な、深刻な
լուցկի ［名］マッチ

Խխ

խաբել /xap‘el/ ［動］騙す
խախտել ［動］破る、蹂躙する
խաղ ［名］遊び、ゲーム
խաղալ ［動］遊ぶ
խաղալիք ［名］玩具
խաղաղ ［形］平和な、穏やかな

խաղաղություն	［名］平和
խաղող	［名］ブドウ
խանգարել	［動］邪魔する
խանգարիչ	［形］邪魔な
խանութ	［名］店
խաշ	［名］ハシュ(牛足を煮込んだモツ入りスープ)
խաչ	［名］十字架
խաչմերուկ	［名］十字路、交差点
խաչքար	［名］十字架石(アルメニアの伝統的な墓石や記念碑)
խառը	［形］混ざった
խառնել	［動］混ぜる
խառնվել /xarrnəvel/	［動］混ざる、混乱する
խելացի	［形］賢い
խելք	［名］知恵
խիստ	［形］きつい、厳しい
խճանկար /xəʧanəkar/	［名］モザイク
խմած /xəmaʦ/	［形］酔った、飲んだ
խմբագիր /xəmbagir/	［名］編集者
խմբագրել /xəmbagərel/	［動］編集する
խմբագրում /xəmbagərum/	［名］編集
խմել /xəmel/	［動］飲む
խմեցնել /xəmeʦʻnel/	［動］飲ませる
խմիչք /xəmiʧʻkʻ/	［名］飲み物
խմող /xəmoɣ/	［名］酒飲み
խմորեղեն /xəmoreɣen/	［名］菓子
խնդիր /xəntʻir/	［名］要望、問題
խնդրանք /xəntʻrankʻ/	［名］要求
խնդրել /xəntʻrel/	［動］望む、要求する
խնձոր /xənʣor/	［名］リンゴ

խոզ ［名］豚
խոհ ［名］思考、意識
խոհանոց ［名］台所
խոնավ ［形］湿気た
խոշոր ［形］巨大な
խոսել ［動］話す
խոսելիք ［名］話、話題
խոսեցնել ［動］話しかける
խոսք ［名］一言、スピーチ
խոր ［名］井戸 ［形］深い
խորամանք ［形］ずる賢い
խորապես ［副］深く
խորհրդակցել /xorhərt'akʦ'el/ ［動］助言する
խորհրդանիշ /xorhərt'aniʃ/ ［名］象徴
խորհուրդ ［名］助言、会議、ソヴィエト（ソ連期の議会）
խորհուրդ տալ ［動］助言する
խորովել ［動］焼く
խորոված ［名］ホロヴァツ（串焼き肉）
խորտիկ ［名］前菜、オードブル、軽食
խումբ ［名］グループ、集団
խուսափել ［動］避ける
խփել /xəp'el/ ［動］打つ

Ծ

ծագել /ʦak'el/ ［動］上がる、上げる
ծագում /ʦak'um/ ［名］出現、起源
ծախս ［名］費用

ծածկել 〔 36 〕

ծածկել ［動］覆う、隠す
ծածկոց ［名］覆い、カバー
ծաղիկ ［名］花
ծաղկաման ［名］花瓶
ծաղկել ［動］開花する
ծայր ［名］果て、境界
ծանոթ ［名］知り合い
ծանոթանալ ［動］知り合いになる
ծանոթացնել ［動］紹介する
ծանոթագրություն ［名］注釈
ծանր /ʦanər/ ［形］重い、きつい
ծառ ［名］木
ծառայել ［動］仕える、兵役に就く
ծառայություն ［名］服務、仕事
ծարավ ［形］喉の渇いた
ծարավել ［動］喉が渇く
ծափ ［名］拍手
ծափահարել ［動］拍手する
ծափահարություն ［名］称賛
ծեծել ［動］たたく、殴る
ծեր ［形］老いた
ծերանալ ［動］老いる
ծերություն ［名］壮年期
ծերունի ［名］老人
ծիծաղ ［名］冷笑、苦笑
ծիծաղել ［動］せせら笑う
ծիսականություն ［名］儀式
ծիրան ［名］アンズ
ծխել /ʦəxel/ ［動］喫煙する
ծնել /ʦənel/ ［動］生む
ծննդավայր /ʦənndavajr/ ［名］出生地

ծնող /ʦənoɣ/ ［名］親
ծնվել /ʦənvel/ ［動］生まれる
ծնունդ /ʦənund/ ［名］生誕
ծով ［名］海
ծովափ ［名］海岸
ծովափնյա ［形］海岸の
ծրագիր /ʦəragir/ ［名］計画
ծրագրել /ʦəragrel/ ［動］計画する
ծրար /ʦərar/ ［名］封筒
ծույլ ［名］怠け者 ［形］怠惰な
ծունկ ［名］膝

Կ

կա ［動］存在する（原形なし。三人称単数形）
կազմ ［名］構造、構成
կազմակերպել ［動］組織する
կաթ ［名］牛乳
կաթնեղեն ［名］乳製品
կաթսա /katsʻa/ ［名］鍋
կախել ［動］吊り下げる
կահույք ［名］家具
կաղամբ ［名］キャベツ
կամ ［接］または
կամավորական ［形］自発的な、志願制の
կամաց ［副］ゆっくりと
կամովի(ն) ［副］自発的に
կամուրջ ［名］橋

կամք	[名] 意志
կայարան	[名] 駅
կայծակ	[名] 閃光、火花
կանաչ	[名] 緑、青物　[形] 緑の
կանգ առնել	[動] 立ち止まる
կանգառ	[名] 停留所
կանգնել	[動] 立ち止まる、立ち上がる
կանոն	[名] 法、規則
կանոնավոր	[形] 合法の
կանչ	[名] 呼ぶこと、挨拶
կանչել	[動] 呼ぶ
կաշի	[名] 皮膚
կապ	[名] 関係、つながり
կապել	[動] 繋ぐ
կապվել	[動] 繋がる
կապույտ	[名] 青　[形] 青い
կառավարական	[形] 政府の
կառավարել	[動] 統治する
կառավարություն	[名] 政府
կառույց	[名] 建設、建物
կառուցել	[動] 建設する
կառուցում	[名] 建設
կասկած	[名] 疑い
կասկածել	[動] 疑う
կասկածելի	[形] 疑わしい
կավիճ	[名] チョーク
կատակ	[名] 冗談
կատար	[名] 頂上、絶頂、櫛
կատարել	[動] 行う
կատարյալ	[形] 完遂した、現実の
կատու	[名] 猫

կար	[名] 縫うこと、裁縫
կարագ	[名] バター
կարապ	[名] 白鳥
կարգ	[名] 秩序
կարդալ	[動] 読む
կարել	[動] 縫う
կարելի	[形] (一般的に)可能な
կարիք	[名] 必要性
կարծել	[動] 思う
կարծես թե	[接] あたかも～のように
կարծիք	[名] 考え
կարճ	[形] 短い
կարմիր	[名] 赤　[形] 赤い
կարմրել /karmərel/	[動] 赤らむ、熟す
կարող	[形] (能力的に)可能な
կարողանալ	[動] ～が出来る
կարողություն	[名] 能力
կարոտ	[形] 憂鬱な
կարոտել	[動] ～がなくてさびしい、～を切望する
կարտոֆիլ	[名] じゃがいも
կարևոր	[形] 重要な
կացարան	[名] 居住地、住居
կեղծ	[形] 間違った、人工的な
կեղտոտ	[形] 汚い
կենաց	[名] 乾杯　[感] 乾杯！
կենդանական /kent'anakan/	[形] 動物の
կենդանի /kent'ani/	[名] 動物
կենտրոն	[名] 中心
կենտրոնական	[形] 中心の、中心的な
կես	[名] 半分

կեսգիշեր ［名］真夜中
կեսօր ［名］正午、午後
կեր ［名］食糧
կերակրել ［動］食事を与える、養育する
կեցցե՛ ［感］万歳！
կին ［名］女性、妻
կինո ［名］映画、映画館
կինոթատրոն ［名］映画館
կիսամյակ ［形］半年の
կիտրոն ［名］レモン
կիրառական ［形］実用的な
կիրառել ［動］適用する、応用する
կլոր /kəlor/ ［形］丸い
կծու ［形］刺激的な、スパイシーな
կղզի /kəɣzi/ ［名］島
կյաբաբ ［名］キャバブ(牛挽肉の串焼き)
կյանք ［名］人生、生活
կշիռ /kəʃirr/ ［名］重量
կողմ ［名］側
կողմնակի ［形］よその、副次的な
［副］副次的に
կոմիտե ［名］委員会
կոմունիստական ［形］共産主義の
կոնֆերանս ［名］会議、大会
կոշիկ ［名］靴
կոչ ［名］呼ぶこと、呼びかけ、スローガン
կոչել ［動］呼ぶ
կոչվել ［動］呼ばれる
կոպեկ ［名］小銭(ソ連期のコペイカ貨幣)

կոպիտ	[形]	雑な、無礼な
կով	[名]	(牝)牛
կորչել	[動]	消える
կորցնել	[動]	失くす
կորուստ	[名]	損失
կպչել /kəptʃ'el/	[動]	くっつく
կռանալ /kərranal/	[動]	曲げる、お辞儀する
կռիվ /kərriv/	[名]	争い
կռվել /kərrvel/	[動]	争う
կռունկ /kərrunk/	[名]	鶴
կտոր /kətor/	[名]	切れ端 [助数] 一切れ
կտրել /kətrel/	[動]	切る
կտրվածք /kətərvatsk'/	[名]	カーテン、仕切り
կրակ /kərak/	[名]	火
կրակել /kərakel/	[動]	火をつける
կրթել /kərt'el/	[動]	育てる、躾ける
կրթություն /kərt'ut'jun/	[名]	教育
կրկես /kərkes/	[名]	サーカス
կրկին /kərkin/	[形]	再び [副] 再三(の)
կրկնել /kərkənel/	[動]	繰り返す
կրոն	[名]	宗教
կրպակ /kərpak/	[名]	キオスク、スタンド、ブース
կում	[名]	一飲み [助数] 一口
կուսակցական	[形]	政党の
կուսակցություն	[名]	政党
կուրծք	[名]	胸

Հ

հա	[感] ええ、はい(口語)
հագնել /hak'nel/	[動] (服などを)着る
հագնվել /hak'nəvel/	[動] 自分で服を着る
հագցնել /hak'ʦ'ənel/	[動] 服を着せる
հագուստ /hak'ust/	[名] 着物
հազարական	[形] 1000 台(1000 ~ 1999)の [副] 1000 ずつ
հազարամյա	[形] 1000 周年の
հազարամյակ	[名] 1000 年、千年紀
հազիվ	[副] ほとんど~ない
հազվադեպ	[形] まれな [副] まれに
հակադրություն	[名] 対立、紛争
հակառակ	[形] 逆の [後] ~に反して
հաղթանակ /haxt'anak/	[名] 勝利
հաղթել /haxt'el/	[動] 勝つ
հաղորդավար	[名] アナウンサー
հաղորդել	[動] 宣伝する
հաղորդում	[名] 宣伝、広告
հաճախ	[副] しばしば
հաճախել	[動] 通う
հաճելի	[形] 心地よい
հաճույք	[名] 喜び
համ	[名] 味
համագումար	[名] 会議、大会
համազգային	[形] 全国民的な
համալիր	[名] 組み合わせ、複合施設

hամալսարան /hama(l)saran/ ［名］大学
hամալրել /hamalərel/ ［動］完成する
hամակարգ ［名］秩序
hամակարգել ［動］システム化する
hամակարգիչ ［名］コンピューター
hամաձայն ［形］同意した ［後］～に従って
hամաձայնել, hամաձայնվել ［動］同意する
hամաձայնություն ［名］同意
hամաշխարհային ［形］世界的な
hամապատասխան ［形］相応しい、(～)に対応した
hամառոտ ［形］簡潔な ［副］簡潔に
hամար ［名］数、客室
hամար ［後］～のために
hամարյա ［副］ほとんど
hամբույր ［名］接吻、挨拶のキス
hամբուրել ［動］接吻する、キスする
hամեղ ［形］おいしい
hամեմատաբար ［副］比較的
hամեմատել ［動］比較する
hամեստ ［形］中庸な、簡素な
hամերգ ［名］コンサート、演奏会
hամերգասրահ ［名］コンサートホール
hամոզել ［動］説得する
hամոզիչ ［形］説得力のある
hամոզվել ［動］確信する
hայ ［名］アルメニア人 ［形］アルメニア人の
hայագետ ［名］アルメニア学者
hայացք ［名］一瞥
hայելի ［名］鏡
hայերեն ［名］アルメニア語 ［形］アル

	メニア語の [副] アルメニア語で
հայկական	[形] アルメニア(共和国)の
հայոց	[形] アルメニア(人、社会)の
հայտարարել	[動] 公表する
հայտարարություն	[名] 公表、布告
հայտնել	[動] 宣言する
հայտնի	[形] 有名な
հայր	[名] 父
հայրական	[形] 父の
հայրենական	[形] 祖国の
հայրենասեր	[形] 祖国愛の
հայրենասիրություն	[名] 祖国愛
հայրենիք	[名] 祖国
հանգիստ	[形] 穏やかな
հանգստանալ /hangəstanal/	[動] 休憩する
հանգստացնել /hangəstatsʻnel/	[動] 休ませる
հանդիպել	[動] 会う
հանդիպում	[名] 会合
հանդիսանալ	[動] ～とみなされる
հանդիսավոր	[形] 荘厳な
հանել	[動] 取り除く
հանկարծ	[副] 突然
հանձնել	[動] 手渡す、提出する
հանրագիտարան	[名] 百科事典
հանրախանութ	[名] デパート、百貨店
հանրակացարան	[名] 寮
հանրային	[形] 公共の
հանրապետություն	[名] 共和国
հաշիվ	[名] 勘定書き、会計
հաշվել	[動] 数える、会計する

hաշտվել ［動］和解する、妥協する
hաշտություն ［名］和解、和平
hաջող ［形］成功した
hաջողություն ［名］成功
hաջորդ ［形］次の
hասակ ［名］年齢、高さ
hասարակ ［形］単純な、普通の ［副］普通に
hասարակական ［形］社会の
hասարակություն ［名］社会
hասկանալ ［動］理解する
hասկացնել ［動］理解させる
hասնել ［動］到着する
hաստ ［形］厚い、太った
hաստատ ［形］確実な、本気の
hաստատել ［動］確立する、確定する
hասցե ［名］住所
hասցնել ［動］届ける
hավ ［名］鶏
hավանաբար ［副］おそらく
hավանել ［動］満足する、気に入る
hավասար ［形］平等な、同質な
hավասարություն ［名］平等、同質
hավատ ［名］信仰
hավատալ ［動］信じる
hավատարիմ ［形］忠実な、信心深い
hավաքածու ［名］コレクション、選集
hավաքել ［動］集める
hավաքվել ［動］集まる
hատ ［名］穀物の粒 ［助数］～個
hատակ ［名］床、地面

հատկանիշ	［名］特色、特徴
հատկապես	［副］特に
հատկություն	［名］財産、特質
հատուկ	［形］特別な
հարավ /haraf/	［名］南
հարավային /harafajin/	［形］南の
հարգանք /hargank‘/	［名］尊敬
հարգել /hargel/	［動］尊敬する
հարգելի /hargeli/	［形］親愛なる（手紙の書き出しで目上の人に）
հարիսա	［名］ハリサ（押し麦と鶏肉による粥）
հարկ	［名］階、税、必要性
հարկավոր	［形］必要な
հարձակվել	［動］攻撃する
հարմար	［形］都合の良い
հարյուրական	［形］100 台（100 〜 199）の ［副］100 ずつ
հարյուրամյա	［形］100 周年の
հարյուրամյակ	［名］100 周年
հարս	［名］嫁
հարսանիկ	［名］結婚式
հարստություն /harəstut‘jun/	［名］富、豊かさ
հարց	［名］問題
հարցական	［形］疑問の
հարցնել	［動］尋ねる、訪問する
հարուստ	［形］豊かな
հարևան	［名］近所の人 ［形］近隣の
հարևանություն	［名］近所
հաց	［名］パン
հեթանոսական	［形］異教の

հեղափոխություն ［名］革命
հեղափոխական ［形］革命の
հեղինակ ［名］著者
հեղինակավոր ［形］著者の
հենվել ［動］寄りかかる
հենց ［副］まさに
հեշտ ［形］簡単な
հեռախոս ［名］電話
հեռախոսային ［形］電話の
հեռանալ ［動］離れる、遠ざかる
հեռավոր ［形］遠い
հեռացնել ［動］遠ざける、追放する
հեռվից ［副］遠くから
հեռվում ［副］遠くに
հեռու ［形］遠い ［副］遠くで
հեռուստատեսություն ［名］テレビ放送
հեռուստացույց ［名］テレビ受像機
հետ ［後］〜と一緒に
հետ գալ ［動］一緒に来る
հետագա ［名］結果 ［形］続く
հետագայում ［副］将来は、結果的に
հետազոտել ［動］研究する、予想する、開発する
հետաձգել /hetadzək‘el/ ［動］延期する、遅らす
հետաքրքիր /hetak‘ərk‘ir/ ［形］興味深い
հետաքրքրել /hetak‘ərk‘ərel/ ［動］興味を持たせる
հետաքրքրվել /hetak‘ərk‘ərvel/ ［動］興味を持つ
հետաքրքրություն /hetak‘ərk‘ərut‘jun/ ［名］興味
հետևանք ［名］結果
հետո ［後］〜の後で、（期間）〜後に

[感] それで(?)

հետք	[名] 軌跡
հետնել	[動] 続く
հետնյալ	[形] 次の
հերթ	[名] 順番、列
հերիք	[形] 十分な
հերոս	[名] 英雄
հեքիաթ	[名] おとぎ話
հզոր /həzor/	[形] 強大な
հզորանալ /həzoranal/	[動] 強大化する
հզորություն /həzorut'jun/	[名] 強大さ
հիանալ	[動] 崇める
հիանալի	[形] 崇めたくなる
հիմա	[副] 今
հիմն	[名] 聖歌
հիմք	[名] 基礎
հիմնադրել	[動] 基礎づける
հիմնական	[形] 基礎的な
հիմնավոր	[形] しっかりとした
հիմնարկ	[名] 基盤、組織
հիմնովին	[副] 基本的に
հին	[形] 古い
հիշատակ	[名] 記憶、記念品
հիշել	[動] 覚える
հիշեցնել	[動] 思い出す、思い起こさせる
հիշողություն	[名] 記憶、記憶力
հիվանդ	[形] 病気の
հիվանդանոց	[名] 病院
հիվանդություն	[名] 病気
հմայիչ /həmajiʧ'/	[形] 魅力的な
հմայք /həmajik'/	[名] 魅力

հյութ ［名］ジュース、果汁
հյուսիս ［名］北
հյուսիսային ［形］北の
հյուր ［名］客
հյուրախաղ ［名］客演
հյուրանոց ［名］ホテル
հյուրասիրել ［動］奢る、歓待する
հյուրընկալ ［形］もてなし好きな
հնագետ /hənaget/ ［名］考古学者
հնագույն /hənagujin/ ［形］最古の、古代の
հնարավոր /hənaravor/ ［形］可能性のある
հնարավորություն /hənaravorut'jun/ ［名］可能性
հնարել /hənarel/ ［動］発明する、発見する
հնատիպ /hənatip/ ［形］古い、骨董的な
հնգամյակ /həngamjak/ ［名］５周年、五カ年計画
հնդիկ /həndik/ ［名］インド人 ［形］インド人の
հնդկական /həndəkakan/ ［形］インドの
հնչել /hənʧ'el/ ［動］音がする、聞こえる
հնչյուն /hənʧ'jun/ ［名］発音
հնություն /hənut'jun/ ［名］骨董品、古代遺産
հոգատար /hok'atar/ ［形］思いやりのある、面倒見の良い
հոգեբանություն /hok'ebanut'jun/ ［名］心理学
հոգեվիճակ /hok'eviʧak/ ［名］精神状態
հոգի /hok'i/ ［名］精神 ［助数］～人
հոգնած /hok'nats/ ［形］疲れた
հոգնածություն /hok'natsut'jun/ ［名］疲労
հոգնակի /hok'naki/ ［名］複数 ［形］複数の

hոգնել /hokʻnel/ ［動］疲れる
hոգս /hokʻs/ ［名］心配、不安、後悔
hոգևոր /hokʻevor/ ［形］精神的な、宗教界の
hոդ ［名］冠詞
hոդված ［名］記事、条文
hոկտեմբերյան ［形］10 月（革命）の
hող ［名］土地、大地
hոյակապ ［形］すばらしい
hոնք ［名］眉
hոսանք ［名］流れ、傾向
hոսել ［動］話す
hով ［形］爽やかな、涼しい
hովանավոր ［名］パトロン、庇護者
hովիտ ［名］谷
hոտ ［名］匂い
hորաքույր ［名］父方の叔母
hպարտ /həpart/ ［名］誇り
hպարտանալ /həpartanal/ ［動］自慢する
hռչակ ［名］名声
hռչակավոր ［形］名声のある、有名な
hսկա /həska/ ［名］巨人 ［形］巨大な
hսկայական /həskajakan/ ［形］巨大な
hստակ /həstak/ ［形］明瞭な、疑いのない
hրաժեշտ /həraʒeʃt/ ［名］別れ、出発
hրամայել /həramajel/ ［動］命令する
hրամայական /həramajakan/ ［形］権威主義的な、命令法の
hրաման /həraman/ ［名］命令
hրամանագիր /həramanagir/ ［名］命令書
hրամանատար /həramanatar/ ［名］指導者
hրաշալի /həraʃali/ ［形］すばらしい
hրաշք /həraʃkʻ/ ［名］奇跡

հրապարակ /həraparak/	[名] 広場、公共空間
հրավառություն /həravarrut'jun/	[名] 照明
հրավեր /həraver/	[名] 招待
հրավիրատոմս /həraviratoms/	[名] 招待状
հրավիրել /həravirel/	[動] 招待する
հրդեհ /hərdeh/	[名] 火事、燃焼
հրել /hərel/	[動] 押す、追いやる
հուզել	[動] 興奮させる、掻き立てる
հուզիչ	[形] 感情を掻き立てる
հուզմունք	[名] 感情
հուզված	[形] 感動した
հուզվել	[動] 感動する
հույն	[名] ギリシア人
հույս	[名] 希望
հունական	[形] ギリシアの
հունարեն	[名] ギリシア語 [形] ギリシア語の [副] ギリシア語で
հուշարձան	[名] 記念碑
հուսալ	[動] 希望する
հուսալի	[形] 信用出来る、安心な

Ձ

ձախ	[名] 左 [副] 左に
ձայն	[名] 音、声
ձայնագրել	[動] 録音する
ձանձրալի	[形] 退屈な
ձանձրանալ	[動] 退屈する

ձգտել /ʣək'tel/	[動] 探す、狙う
ձեզ	[代] あなたに(を)、君(あなた)たちに(を)
ձեթ	[名] 食用油
ձեռագիր	[名] 手稿 [形] 手書きの
ձեռնարկություն	[名] 企業
ձեռք	[名] 手
ձեր	[代] あなたの、君(あなた)たちの
ձի	[名] 馬
ձկնորս /ʣəknors/	[名] 漁師 [形] 漁師の
ձմեռ /ʣəmerr/	[名] 冬
ձմեռային /ʣəmerrajin/	[形] 冬の
ձմերուկ /ʣəmeruk/	[名] スイカ
ձյուն	[名] 雪
ձրի /ʣəri/	[形] タダの、無料の
ձու	[名] 卵
ձուկ	[名] 魚
ձև	[名] 形、方法
ձևանալ	[動] 形成される、ふりをする
ձևավորել	[動] 形作る、デザインする

Ղ

ղեկ	[名] 舵、ハンドル
ղեկավար	[名] 領袖、リーダー
ղեկավարել	[動] 指導する、先導する
ղեկավարություն	[名] 指導
ղողանջ	[名] 鐘

Ճ

ճակատ ［名］前方、ファサード
ճակատագիր ［名］運命
ճամպրուկ ［名］スーツケース
ճանաչել ［動］見知っている
ճանաչված ［形］知り合いの
ճանաչում ［名］認識
ճանապարհ /ʧanapar/ ［名］道
ճանապարհորդ ［名］旅行者
（口語では、ճամփորդ）
ճանապարհորդել ［動］出かける、見送りに行く
（口語では、ճամփորդել）
ճանապարհորդություն ［名］旅
（口語では、ճամփորդություն）
ճանճ ［名］蠅
ճաշ ［名］食事
ճաշասեղան ［名］食卓
ճաշասենյակ ［名］（家の）食堂、ダイニングルーム
ճաշարան ［名］食堂
ճաշել ［動］食事する
ճաշկերույթ ［名］宴会
ճապոնացի ［名］日本人
ճապոներեն ［名］日本語 ［形］日本語の ［副］日本語で
ճառագայթ ［名］光線
ճարտարապետ ［名］建築家

ճարատարապետական [形] 建築の
ճարտարապետություն [名] 建築
ճգնաժամ /ʧək‘naʒam/ [名] 危機
ճիշտ [形] 正確な
ճյուղ [名] 枝
ճնշել /ʧənʃel/ [動] 重しを置く、抑圧する
ճշմարտություն /ʧəʃmartut‘jun/ [名] 真実
ճշտել /ʧəʃtel/ [動] 訂正する
ճշտություն /ʧəʃtut‘jun/ [名] 訂正

Մ

մազ [名] 髪
մաթեմատիկա [名] 数学
մաթեմատիկական [形] 数学の
մակբայ [名] 副詞
մահ [名] 死
մահճակալ [名] ベッド
մահմեդականություն [名] イスラーム教
մամուլ [名] 印刷物
մայթ [名] 歩道
մայր [名] 母
մայրամուտ [名] 日没
մայրաքաղաք [名] 首都
մայրենի [形] 生まれもった、現地の
մանավանդ [副] 特に
ման գալ [動] 旅行する
մանկական [形] 子供の、子供っぽい

մանկավարժական	[形] 教育の
մանկապարտեզ	[名] 幼稚園、保育園
մանր /manər/	[形] 微細な [副] 細かく
մանրամաս	[名] 小部分、細部
մանուկ	[名] 赤ん坊、子供
մանուշակ	[名] スミレ
մանուշակագույն	[形] すみれ色の、紫の
մաշկ	[名] 肌
մաս	[名] 塊、部分
մասամբ	[形] 部分的な [副] 部分的に
մասին	[後] 〜について
մասնագետ	[名] 専門家、学者
մասնագիտություն	[名] 学問
մասնակցել	[動] 参加する
մասնավոր	[形] 私立の、私的な
մատ	[名] 指
մատենագիտական	[形] 書誌学の
մատենադարան	[名] 古文書館
մատիտ	[名] 鉛筆
մատչելի	[形] アクセス可能な、簡単な
մարդ	[名] 人
մարդկային	[形] 人類の
մարդկություն	[名] 人類
մարմար	[名] 大理石
մարմին	[名] 身体
մարտ	[名] 闘争(「3月」の意も)
մարտական	[形] 闘争の
մածուն	[名] マツン(アルメニアのヨーグルト)
մաքրել	[動] 磨く、掃除する
մաքուր	[形] 綺麗な

մեծ	［形］大きい
մեծանալ	［動］増える、成長する
մեծացնել	［動］増やす、育てる
մեկ-մեկ	［代］互いに
մեկնել	［動］出発する、説明する
մեկօրյա	［形］一日の
մեղադրել	［動］告発する、非難する
մեղավոր	［名］罪人 ［形］有罪の
մեղմ	［形］穏やかな、柔らかい ［副］穏やかに、柔らかく
մեղր /meɣər/	［名］蜂蜜
մենակ（միայնակ とも）	［副］たったの、独りで
մենք	［代］私たち
մեջ /meʧʻ/	［後］～(の中)で
մեռնել	［動］死ぬ
մետրո	［名］地下鉄
մեր	［代］私たちの
մերձավոր	［形］近い、最寄りの
մեքենա	［名］機械、自動車
մթերային /mətʻerajin/	［形］食料品の
մի՛	［副］～するな(禁止形を作る)
մի քանի	［代］いくつかの
միաժամանակ	［副］同時に
միակ	［形］一人の、ユニークな
միայն	［形］たったの ［副］たった、わずか
միանալ	［動］統合する
միանգամից /miankʻamitsʻ/	［副］一度に、すぐに
միասին	［副］一緒に
միավորել	［動］統合する
միացնել	［動］統一する、繋ぐ、スイッ

チを入れる
միացում [名] 統合
մի՞թե [感] 本当に？
միմյանց [代] 互いに
մինչ, մինչև [前] 〜まで
մինչդեռ [接] その一方で
միշտ [副] いつも
միջազգային /mitʃʻazgajin/ [形] 国際的な
միջամտել /mitʃʻamətel/ [動] 介入する
միջանցք /mitʃʻantsʻkʻ/ [名] 通路、廊下
միջին /mitʃʻin/ [形] 中間の、平均的な
միջնադարյան /mitʃʻnadarjan/ [形] 中世の
միջոց /mitʃʻotsʻ/ [名] 方法、仲介、期間
միջոցով /mitʃʻotsʻov/ [後] 〜を介して
միջև /mitʃʻev/ [後] 〜の間で
միս [名] 肉
միտք [名] 意図
միրգ [名] 果物
միություն [名] 統合、同盟、（ソ連期の）連邦
մկրատ /məkrat/ [名] 鋏
մյուս [代] 他の
մնալ /mənal/ [動] 留まる、滞在する
մնացած /mənatsʻats/ [形] 残りの
մնացորդ /mənatsʻortʻ/ [名] 残り物
մշակել /məʃakel/ [動] 開拓する、生産する、耕作する
մշակութային /məʃaktajin/ [形] 文化の
մշակույթ /məʃakujtʻ/ [名] 文化
մշուշ /məʃuʃ/ [名] 霧
մոլորակ [名] 惑星

մոխիր	［名］灰
մոխրաման	［名］灰皿
մոռանալ	［動］忘れる
մոտ	［後］〜の側に、〜さんの所で
մոտավորապես	［副］およそ、約
մոտենալ	［動］近づく
մոտեցում	［名］接近、態度
մոտիկ	［形］近い
մորաքույր	［名］母方の叔母
մորուք	［名］顎鬚
մտածել /mətatsel/	［動］考える
մտահոգել /mətahokʻel/	［動］不安を与える
մտնել /mətnel/	［動］入る
մտցնել /mətts'nel/	［動］入らせる、挿入する
մրգեղեն /mərkʻeɣen/	［名］果物類
մրսել /mərsel/	［動］風邪を引く
մրցել /mərtsʻel/	［動］競争する
մրցույթ /mərtsʻujtʻ/	［名］競争
մուգ /mukʻ/	［形］濃い
մութ	［形］暗い、曖昧な、無知の
մուկ	［名］鼠
մուտք	［名］入り口
մուրաբա	［名］ムラバ(マーマレード)

Յ

յուղ	［名］油
յուրահատուկ	［形］特別な
յուրաքանչյուր(ը)	［代］各々、めいめい ［形］各々の

Ն

նա	[代] その人、あれ
նախ և առաջ	[副] 何にもまして、まずは、いまだに
նախագահ	[名] 議長、社長、会長、大統領
նախագիծ	[名] スケッチ、概略
նախադասություն	[名] 文、文章
նախաճաշ	[名] 朝食
նախաճաշել	[動] 朝食をとる
նախանձ	[名] 嫉妬、羨望
նախանցյալ	[形] かつての
նախանցյալ օրը	[名] 一昨日 [副] 一昨日
նախապատրաստել	[動] 準備する
նախարար	[名] 大臣、昔の貴族
նախաքրիստոնեական	[形] キリスト以前の、紀元前の
նախկին	[形] 旧〜、前の
նախնական	[形] 最初の、原始的な
նախորդ	[名] 先駆者 [形] 以前の
նամակ	[名] 手紙
նայել	[動] 眺める
նավ	[名] 船
նարինջ	[名] オレンジ
նարնջագույն /narəndʒagujn/	[形] オレンジ色の
նաև /najev/	[接] 〜もまた
նեղ	[形] 狭い
նետ	[名] 矢
նետել	[動] 投げる

ներդնել 〔 60 〕

ներդնել /nerdənel/ ［動］導入する、投資する
ներել ［動］許す
ներկա ［形］現在の
ներկայացնել ［動］提示する、(公演を)行う
ներկայացում ［名］プレゼンテーション、公演
ներողություն ［名］許し ［感］すみません
ներս ［名］内部 ［副］中に(へ) ［後］〜の中に(へ)
ներքին ［形］内部の
ներքև ［名］下部 ［副］下へ ［後］〜の下で
նիհար ［形］痩せた
նիհարել ［動］痩せる
նիստ ［名］会議、会合
նկատել /nəkatel/ ［動］気付く、観察する
նկատելի /nəkateli/ ［形］目につく、見える
նկատմամբ /nəkatmamb/ ［後］〜の目的で
նկատողություն /nəkatoɣut'jun/ ［名］配慮、罰
նկար /nəkar/ ［名］絵画、写真
նկարագրել /nəkaragrel/ ［動］描写する
նկարել /nəkarel/ ［動］描く、写真を撮る
նկարիչ /nəkaritʃ'/ ［名］画家
նման /nəman/ ［形］似ている ［後］〜に似て、〜のように
նյութ ［名］物質、資材
նյութական ［形］物質的な、資材の
ննջարան /nəndʒaran/, ննջասենյակ ［名］寝室
նշանակել /nəʃanakel/ ［動］意味する
նշանակություն ［名］意味

/nəʃanakut'jun/

նշանավոր /nəʃanavor/	[形] 意味のある、有名な
նշել /nəʃel/	[動] 言及する、祝う、印を付ける
նոր	[形] 新しい　[副] 今しがた、たった今
նորից	[副] また
նորություն	[名] ニュース
նպաստել /nəpastel/	[動] 好ましく思う、助ける、貢献する
նպատակ /nəpatak/	[名] 目的
նպատակով /nəpatakov/	[後] 〜のために
նստած /nəstats/	[形] 座っている
նստել /nəstel/	[動] 座る、乗る
նվագել /nəvagel/	[動] 演奏する
նվագախումբ /nəvagaxumb/	[名] 楽団、オーケストラ
նվեր /nəver/	[名] 贈り物
նվիրական /nəvirakan/	[形] 進物の、贈り物の
նվիրել /nəvirel/	[動] 贈る
նրա /nəra/	[代] その人の
նրանց /nərants'/	[代] 彼らの、彼らに、彼らを
նրանք /nərank'/	[代] 彼ら
նրբերշիկ /nərp'erʃik/	[名] （ウィンナーやボロニア）ソーセージ
նույն	[形] 同じ
նույնիսկ	[副] 〜でさえ
նույնչափ	[副] 同様に
նույնպես	[副] 同様に、〜もまた
նույնպիսի	[形] 同じような
նույնտեղ	[副] 同じところに、同じところで

նույնքան	[副] 同様に
նուռ	[名] ザクロ
նուրբ	[形] 柔らかい

շ

շաբաթ /ʃap'at'/	[名] 週(「土曜日」の意も)
շախմատ	[名] チェス
շահել	[動] 獲得する
շապիկ	[名] シャツ、ブラウス
շատ	[形] 多い [副] 多く、たいそう
շարադրություն /ʃaradərut'jun/	[名] 作文、統語法
շարժել	[動] 動かす、掻き立てる
շարժվել	[動] 動く、前進する
շարժում	[名] 運動
շարունակ	[形] 絶え間ない [副] いつも、絶え間なく
շարունակել	[動] 続ける
շարունակություն	[名] 連続
շարք	[名] 行列
շաքար	[名] 砂糖
շենք	[名] 建物
շեշտ	[名] 強調、強勢符
շերտ	[名] 層
շինանյութ	[名] 建築資材
շինարար	[名] 建設者
շինություն	[名] 建設、建築物
շիշ	[名] ビン

շնիկ /ʃənik/ [名] 小犬、メールアドレスの@
շնորհակալ /ʃənorhakal/ [形] 感謝している
շնորհակալություն /ʃənorhakalut'jun/ [名] 感謝 [感] ありがとう
շնորհավորել /ʃənorhavorel/ [動] 祝う
շնորհիվ /ʃənorhiv/, [後] ～のおかげで
ի շնորհիվ [前] ～のおかげで
շնչել /ʃənʧ'el/ [動] 呼吸する
շոգ /ʃok'/ [名] 熱 [形] 暑い
շոգել /ʃok'el/ [動] 暑いと感じる
շոր [名] 服、上着
շտապ [形] 急いだ
շտապել [動] 急ぐ
շրթունք /ʃərt'unk'/ [名] 唇
շրջան /ʃərʤan/ [名] 周、円
շրջանային /ʃərʤanajin/ [形] 地区の、地域の
շրջապատ /ʃərʤapat/ [名] 囲み、環境 [形] 周囲の、環境の
շրջապատել /ʃərʤapatel/ [動] 囲む
շուկա [名] 市場
շուն [名] 犬
շունչ [名] 息
շուռ գալ [動] 曲がる
շուռ տալ [動] 向きを変える
շուտ [形] 早い [副] 早く
շուտով [副] すぐに
շուրջ [副] 周囲に
շուրջը [後] ～のまわりで
շփոթվել /ʃəp'otvel/ [動] 混乱する
շքեղ /ʃək'eɣ/ [形] 奢侈な、贅沢な

Ո

ոգևորություն /vok‘evorut‘jun/ ［名］ひらめき、熱狂
ոլորտ ［名］局面、分野
ողջ /voɣʧ‘/ ［形］生き生きとした、全体の
ողջույն /voxʧ‘ujn/ ［名］挨拶 ［感］こんにちは
ողջունել /voxʧ‘unel/ ［動］挨拶する
ոմանք ［代］ある人々
ոնց ［疑］どのような ［接］～のように(口語)
ոչ ［感］いいえ
ոչ մեկը ［代］誰も、何も
ոչ մի ［代］何一つとして
ոչ ոք ［代］誰も
ոչինչ ［代］何も
ոչխար ［名］羊
ոսկե ［形］金製の
ոսկեղեն ［名］金属
ոսկերիչ ［名］金細工師、貴金属商
ոսկի ［名］金
ոսկոր ［名］骨
ով /ov/ ［疑］誰 ［関］～する人
ոտք ［名］足、徒歩
ոտքով ［副］徒歩で
որ ［接］～ということ
որ ［疑］どの ［関］～するところの
որակ ［名］質

որդի	［名］息子
որոշ, որոշակի	［代］ある
որոշել	［動］決める
որոշված	［形］決定した
որոշում	［名］決定
որովհետև	［接］なぜなら
որպես	［接］〜として
որպեսզի	［接］〜するために
որսորդ	［名］猟師
որտեղ	［疑］どこで ［関］〜する場所の
որտեղից	［疑］どこから
որքան	［疑］どれほど ［接］〜するほど
որևէ, որևիցե	［代］ある、何か、あらゆる

Չ

չ	(否定の接頭辞)〜ない
չամիչ	［名］干しブドウ、レーズン
չար	［形］邪悪な
չափ	［名］サイズ、形
չափազանց	［形］大袈裟な
չափս	［名］サイズ、形
չէ	［感］いや、いいえ(口語)
չինարեն	［名］中国語 ［形］中国語の ［副］中国語で
չնայած /ʧʻənajaʦ/	［接］〜にもかかわらず ［前］〜ではあるが
չոբան	［名］羊飼い
չոր	［形］乾いた、(ワインが)辛口の

պ

պալատ	[名] 宮殿
պալատական	[形] 宮殿の
պակաս	[形] 不足した [副] より少なく（劣等比較級）
պակասել	[動] 不足する
պահ	[名] 瞬間
պահակ	[名] 警備、警備員
պահանջել	[動] 要求する
պահարան	[名] 保管場所（棚、ケース、金庫など）
պահել	[動] 保管する
պահպանել	[動] 保存する
պահպանում	[名] 保存
պաղպաղակ	[名] アイスクリーム
պայթել	[動] 爆発する、爆破する
պայծառ	[形] 輝かしい
պայման	[名] 条件
պայմանավորվել	[動] 約束する
պայուսակ	[名] 鞄
պայքար	[名] 闘い
պայքարել	[動] 闘う
պանիր	[名] チーズ
պաշտպանել	[動] 守る
պաշտպան	[名] 防御、論文の口述試験
պապ	[名] 祖父
պառկել	[動] 横たわる

պատ	[名] 壁
պատահական	[形] 偶然の
պատահել	[動] 起こる
պատանի	[名] 少年　[形] 少年の
պատանեկություն	[名] 若さ、青少年
պատառաքաղ	[名] フォーク
պատասխան	[名] 返答
պատասխանել	[動] 返答する
պատերազմ	[名] 戦争
պատկերացնել	[動] 想像する
պատկերվել	[動] 描かれる、上演される
պատճառ	[名] 理由
պատճառով	[後] 〜のせいで
պատմաբան	[名] 歴史家
պատմական	[形] 歴史の
պատմել	[動] 述べる、説明する
պատմվածք	[名] 物語
պատմություն	[名] 歴史
պատշգամբ /patʃgamp'/	[名] バルコニー
պատվիրակություն	[名] 代表団
պատրաստ	[名] 準備
պատրաստել	[動] 準備する
պատրաստվել	[動] 準備する、身支度をする
պատուհան	[名] 窓
պար	[名] 踊り
պարապել	[動] 練習する
պարգև	[名] 装飾、表彰
պարգևատրել	[動] 装飾する、表彰する
պարել	[動] 踊る
պարզ	[形] 単純な、明快な
պարզապես	[副] 単に

պարող	［名］ダンサー、舞踊家
պարոն	［名］紳士、～さん(男性に対する敬称)
պարսիկ	［名］イラン人(իրանցի とも)
պարսկերեն	［名］ペルシア語 ［形］ペルシア語の ［副］ペルシア語で
պարուհի	［名］女性ダンサー、踊り子
պես	［後］～のように
պետական	［形］国家の、国営の
պետություն	［名］国家
պետք է	［助動］～しなければならない
պինդ	［形］強い、固い
պիտի	［助動］～しなければならない
պղպեղ /pəɣpeɣ/	［名］胡椒、ピーマン
պնդել /pəndel/	［動］主張する、固執する
պոլիտեխնիկական	［形］工科大学の
պողոտա	［名］大通り
պսակվել /pəsakvel/	［動］結婚する
պրծնել /pərtsnel/	［動］終わる

Ջ

ջահել	［形］若い
ջան	［名］魂 ［感］～君、～ちゃん(親しい相手の名前の直後に付ける呼びかけ)
ջերմ	［形］暖かい、(人の心が)温かい
ջերմաստիճան	［名］温度
ջերմություն	［名］気温の高さ、温かさ

ջինջ ［形］綺麗な
ջնջել /ʤənʤel/ ［動］消去する
ջրավազան /ʤəravazan/ ［名］プール
ջրել /ʤərel/ ［動］水遣りをする
ջուր ［名］水

Ռ

ռետին ［名］ゴム、消しゴム
ռուս ［名］ロシア人
ռուսական ［形］ロシアの、ロシア国民の
ռուսերեն ［名］ロシア語 ［形］ロシア語の ［副］ロシア語で

Ս

սա ［代］これ
սալոր ［名］スモモ
սակայն ［接］しかし
սահման ［名］国境、境界
սանր /sanər/ ［名］櫛
սանրել ［動］髪を梳く
սառը ［形］冷たい
սառած ［形］冷やした
սառնարան ［名］冷蔵庫
սառչել ［動］凍らす、冷やす
սառույց ［名］氷

սար	[70]
սար	[名] 山
սեղան	[名] 机、テーブル
սենյակ	[名] 部屋
սեր	[名] 愛
սիրած	[形] 好きになった
սիրել	[動] 愛する
սիրելի	[形] 愛しい(手紙の本文で親しい相手に使う)
սիրող	[名] アマチュア、素人
սիրողական	[形] アマチュアの
սիրով՝	[副] 敬具
սիրտ	[名] 心臓
սիրուն	[形] 美しい
սխալ /səxal/	[名] 誤り
սխալվել /səxalvel/	[動] 誤る
սկեսրայր	[名] 夫方の義理の父
սկեսուր	[名] 夫方の義理の母
սկիզբ	[名] 初め
սկսել /skəsel/	[動] 始める
սկսվել /skəsvel/	[動] 始まる
սյուն	[名] 柱
սոխ	[名] タマネギ
սոված	[形] 空腹の
սովոր	[形] 慣れた
սովորաբար	[副] 普段は、習慣として
սովորական	[形] 普通の
սովորել	[動] 学ぶ、慣れる
սովորություն	[名] 習慣
սոցիալիստական	[形] 社会主義の
սպանել	[動] 殺す
սպասել	[動] 待つ

սպասողական ［形］待合の
սպասք ［名］セット
սպիտակ ［名］白 ［形］白い
սպիտակեղեն ［名］シーツ、リネン類
սպիտակեցնել ［動］白くする、漂白する
ստամոքս ［名］腹
ստանալ ［動］受け取る
ստացվել ［動］～という結果になる
ստեղծագործել ［動］創造する
ստեղծագործություն ［名］創造
ստեղծել ［動］作る、形成する
ստիպել ［動］強いる
ստորակետ ［名］読点、コンマ
ստուգել ［動］チェックする
ստուգում ［名］チェック、小テスト
սրճարան /sərʧaran/ ［名］喫茶店、カフェテリア
սույն ［代］この、ここに
սունկ ［名］茸
սուտ ［名］嘘
սուր ［名］刀 ［形］鋭い
սուրբ ［名］聖人 ［形］聖なる
սուրճ ［名］コーヒー
սփյուռք ［名］在外同胞
սփռոց /səpʻrrotsʻ/ ［名］テーブルクロス
սև ［名］黒 ［形］黒い
սևանալ ［動］黒くなる、黒ずむ
սևաչյա ［形］黒目の

վ

վազել	[動]	走る
վազք	[名]	ジョギング、ランニング
վախ	[名]	恐怖
վախենալ	[動]	怯える
վախեցած	[形]	怯えた
վաղ	[形] 早い	[副] 早く
վաղը	[名]	明日
վաղը չէ մյուս օրը	[名]	明後日
վաղուց	[副]	昔から、永らく
վաճառել	[動]	売る
վաճառք	[名]	販売、大売出し
վա´յ	[感]	おや、あぁ
վայելել	[動]	楽しむ
վայր	[名]	場所、会場
վայրկյան	[名]	秒
վանք	[名]	修道院
վառ	[形]	輝いている、燃えた
վառել	[動]	燃やす
վատ	[形]	悪い
վարդ	[名]	バラ
վարդագույն	[形]	バラ色の
վարժություն	[名]	練習
վարիչ	[名]	首相、マネージャー
վարձ	[名]	支払、給料
վարորդ	[名]	運転手
վարսավիր	[名]	理容師、美容師

վարսավիրանոց	[名] 理容院、床屋
վարունգ	[名] キュウリ
վեճ	[名] 議論
վեպ	[名] 小説
վեր	[副] 上で、上に　[後] ～より上で
վեր կենալ	[動] 起き上がる
վերաբերել	[動] ～に関係する
վերաբերյալ	[後] ～について
վերադառնալ	[動] 戻る
վերականգնում	[名] 再建
վերարկու	[名] コート、マント
վերելակ	[名] エレベーター
վերին	[形] 上の
վերմակ	[名] 毛布
վերնագիր	[名] 表題、タイトル
վերջ	[名] 終わり　[感] 以上！
վերջակետ	[名] 句点、ピリオド
վերջանալ	[動] 終わる
վերջապես	[副] ついに
վերջացնել	[動] 終える
վերջին	[形] 最後の、最近の
վերցնել	[動] 取る、取り上げる
վերև	[副] 上へ、上に　[後] ～より上で
վերք	[名] 傷
վիզ	[名] 首
վիճակ	[名] 状態
վիճակագրություն	[名] 統計
վիճել	[動] 議論する
վիճելի	[形] 論争的な

վիրավորել	［動］傷つける
վկայել	［動］目撃する、証言する
վճարել	［動］払う
վնաս /vənas/	［名］害、損失
վտանգ /vətang/	［名］危険、危険性
վտանգավոր /vətangavor/	［形］危険な
վրա /vəra/	［後］～の上で、～に接して
վրացերեն /vəratsʻeren/	［名］グルジア(ジョージア)語 ［形］グルジア(ジョージア)語の ［副］グルジア(ジョージア)語で
վրացի /vəratsʻi/	［名］グルジア(ジョージア)人

Տ

տաբատ	［名］ズボン
տալ	［動］与える
տախտակ	［名］板
տակ	［後］～の下で、下に
տաճար	［名］異教の寺院、キリスト教の大聖堂
տանել	［動］運ぶ
տանիք	［名］屋根
տանձ	［名］梨
տանջված	［形］苦しんだ
տանտեր	［名］大家
տանտիկին	［名］女性の大家(おおや)
տապակել	［動］揚げる、ローストする
տառ	［名］文字

տասական	[形] 10台(10〜19)の [副] 10ずつ
տասնամյակ	[名] 10周年
տավար	[名] 商品
տատ	[名] 祖母
տարածվել	[動] 広がる、普及する
տարածք	[名] 領土
տարբեր /tarber/	[形] 異なった
տարբերվել /tarbervel/	[動] 異なる
տարեկան	[形] 〜歳の
տարեվերջ	[名] 年末
տարի	[名] 年
տարր	[名] 要素
տարօրինակ	[形] 奇妙な
տաք	[形] 暖かい、(液体が)熱い
տգեղ /təgeɣ/	[形] 醜い
տեղ	[名] 場所
տեղական	[形] 現地の、在地の
տեղադրել	[動] 据える
տեղալ	[動] 落ちる、(雨などが)降ってくる
տեղափոխվել	[動] 引っ越す、移動する
տեղեկություն	[名] 情報
տեղը	[後] 〜の代わりに
տեղի ունենալ	[動] 起こる
տեսակ	[名] 種類
տեսակետ	[名] 視点
տեսանելի	[形] 見える、目に入る
տեսարժան	[形] 見る価値のある
տեսնել	[動] 見る
տեսություն	[名] 見ること、訪問

տետր /tetər/	[名] ノート
տեր	[名] (キリスト教の)主、領主
տեքստ /tek'əst/	[名] テキスト
տիեզերք	[名] 宇宙
տիկին	[名] 淑女、～さん(既婚女性に対する敬称)
տիպ	[名] 種類、イメージ
տիրաբար	[副] 偉そうに
տիրապետել	[動] 支配する、習得する
տխուր /təxur/	[形] さびしい
տխրություն /təxurut'jun/	[名] さびしさ
տկար /təkar/	[形] 弱い
տհաճ /təhaʧ/	[形] 不快な
տղա /təɣa/	[名] 少年、男の子
տղամարդ /təɣamart'/	[名] 男
տնական /tənakan/	[形] 国内の
տնային /tənajin/	[形] 家庭の
տնային տնտեսուհի /təntesuhi/	[名] 主婦
տնտեսագետ /təntesaget/	[名] 経済学者
տնտեսագիտություն /təntesagitut'jun/	[名] 経済学
տնտեսություն /təntesut'jun/	[名] 経済
տոլմա	[名] トルマ(肉種を野菜に詰めて煮た料理)
տոկոս	[名] パーセント、百分率
տոմս	[名] 切符、チケット
տոմսարկղ /tomsarkəɣ/	[名] チケット売り場
տոն	[名] 祝日
տոնական	[形] 祝日の
տոնել	[動] 祝う

տոպրակ [名] ビニール袋、買い物袋
տպագիր /təpagir/ [名] 活字
տպավորություն /təpavorut'jun/ [名] 印象
տպարան /təparan/ [名] 印刷所
տրվել /tərvel/ [動] 与えられる
տուն [名] 家
տուրիստական [形] 旅行の
տուֆ [名] 凝灰岩(アルメニアで多い建築資材)
տևել [動] 続ける

Ր

րոպե [名] 分
րոպեաբար [副] あっという間に
րոպեական [形] 分の

Ց

ցածր /ts'atsər/ [形] 低い
ցանկալի [形] 望ましい
ցանկանալ [動] 切望する
ցանկություն [名] 切望
ցավ [名] 痛み
ցավել [動] 痛む
ցավոտ [形] 不健康な、哀しみに浸った

ցերեկ	[名] 日中
ցերեկային	[形] 日中の
ցորեն	[名] 小麦、穀物
ցուրտ	[形] 寒い
ցուցակ	[名] 表(ひょう)

ՈՒ

ու	[接] そして
ուզել, ուզենալ	[動] 望む
ուժ	[名] 力
ուժեղ	[形] 力強い
ուժեղանալ	[動] 強大化する
ուղարկել	[動] 送る
ուղեկցել	[動] お供をする
ուղեղ	[名] 脳
ուղեցույց	[名] ガイド、索引
ուղի	[名] 道、方法
ուղիղ	[形] まっすぐな
ուղղագրություն /uɣagrut'jun/	[名] 正書法
ուղևորություն	[名] 旅
ուղևոր	[名] 旅行者
ունել, ունենալ	[動] 持っている
ունեցած	[名] 持ち物
ուշ	[形] 遅い [副] 遅く
ուշադիր	[形] 注意深い
ուշադրություն	[名] 注意 [感] 注目！
ուշանալ	[動] 遅れる

ուսանող	[名] (高等教育機関の)学生
ուսանողական	[形] 学生の
ուսանողուհի	[名] (高等教育機関の)女学生
ուսում	[名] 学習
ուսումնասիրել	[動] 研究する
ուսուցիչ	[名] (初等教育機関の)教師
ուսուցչուհի	[名] (初等教育機関の)女教師
ուտել	[動] 食べる
ուտելիք	[名] 食べ物
ուտեցնել	[動] 食べさせる
ուտող	[名] 大食い
ուր	[疑] どこへ [関] ～する場所の
ուրախ	[形] うれしい
ուրախանալ	[動] 喜ぶ
ուրախություն	[名] 喜び
ուրեմն /uremən/	[接] だから [感] ええと(発話)
ուրիշ	[代] 他の

Փ

փախած	[形] 逃げた
փախչել	[動] 逃げる
փակ	[形] 閉じた
փակել	[動] 閉じる
փայլ	[名] 輝き
փայլել	[動] 輝く
փայտ	[名] 木
փաստ	[名] 事実

փաստաթուղթ /pʻastʻatʻuxtʻ/	[名]	文書
փափուկ	[形]	柔らかい
փեշ	[名]	スカート
փեսա	[名]	婿
փիլիսոփա	[名]	哲学者
փիլիսոփայություն	[名]	哲学
փնտրել /pʻəntrel/	[動]	探す
փոթորիկ	[名]	嵐、台風
փոխադրել	[動]	移送する、送金する
փոխադրություն	[名]	移動、交通、転送
փոխանակություն	[名]	交換、変化
փոխարեն	[後]	〜の代わりに
փոխել	[動]	換える、変わる
փող	[名]	お金、ラッパ
փողոց	[名]	通り
փոշի	[名]	埃、粉
փոստատուն	[名]	郵便局
փորձ	[名]	試行
փորձել	[動]	試す
փոքր /pʻokʻər/	[形]	小さい
փոքրանալ	[動]	小さくなる
փոքրիկ	[形]	小さい
փունջ	[名]	束、小集団

Ք

քաղաք	[名]	都市、街
քաղաքագետ	[名]	政治家

քաղաքական ［形］政治の
քաղաքականապես ［副］政治的に
քաղաքականություն ［名］政治
քաղաքային ［形］都市の
քաղաքապետ ［名］市長
քաղաքապետարան ［名］市役所
քաղաքացի ［名］市民
քաղաքացիական ［形］市民の
քաղաքացիություն ［名］市民権
քաղցր /k‘axʦ‘ər/ ［形］甘い
քամի ［名］風
քայլ ［名］歩
քայլել ［動］歩く、散歩する
քանակ ［名］量
քանակական ［形］量の
քանդվել ［動］破壊される
քանի ［疑］いくつの、どれほどの
քանի որ ［接］～なので
քաշել ［動］引く
քառորդ ［数］４分の１
քար ［名］石
քարոտ ［形］石の多い
քարտ ［名］カード
քարտեզ ［名］地図
քարտուղար ［名］秘書、書記
քարտուղարուհի ［名］女性秘書
քեզ ［代］君に、君を
քեռի ［名］母方の伯父
քեֆ ［名］宴会、パーティー
քիթ ［名］鼻
քիմիա ［名］化学

քիմիկոս ［名］化学者
քիչ ［形］少ない
քնած /k'ənats/ ［形］寝入った
քնել /k'ənel/ ［動］寝る
քննարկել /k'ənnarkel/ ［動］議論する
քննել /k'ənel/ ［動］試験する、試す
քննվել /k'ənnvel/ ［動］試験を受ける
քննություն /k'ənnut'jun/ ［名］試験
քնքուշ /k'ənk'uʃ/ ［形］繊細な
քո ［代］君の
քսանական /k'əsanakan/ ［形］20台(20～29)の ［副］20ずつ
քրիստոնեություն ［名］キリスト教
քրիստոնյա ［形］キリスト教の
քույր ［名］姉妹
քուն ［名］睡眠

և

և ［接］そして
 և այլն /ajlən/ (成句) その他諸々、などなど
ևս /jevəs/ ［副］さらに、～も

Օ

օգնել /ok'nel/ ［動］助ける
օգնություն /ok'nut'jun/ ［名］援助

օգտագործել /ok‘tagortsel/ [動] 利用する
օգտվել /ok‘tvel/ [動] 利用する
օգուտ /ok‘ut/ [名] 利用
օդ /ot‘/ [名] 空気
օդանավ /ot‘anav/ [名] 飛行機
օդանավակայան /ot‘anavakajan/ [名] 空港
օհո՜ [感] へえ
օձ [名] 蛇
օղի [名] ウォッカ
օջախ [名] 囲炉裏、家庭
օվկիանոս [名] 大洋
օտար [形] よそ者の、外国の
օր [名] 日
օրագիր [名] 日記、日刊紙
օրենք [名] 法、規則
օրինակ [名] 例、部数
օրինական [形] 法律の、合法の
օրիորդ [名] 令嬢、～さん(未婚女性に対する敬称)

Ֆ

ֆակուլտետ [名] 学部
ֆիզիկա [名] 物理学
ֆիզիկական [形] 物理学の
ֆիզիկոս [名] 物理学者
ֆինանսական [形] 財政の
ֆինանսներ [名] 財政、金融

ֆիրմա	[名] 会社
ֆրանսերեն	[名] フランス語 [形] フランス語の [副] フランス語で
ֆրանսիացի	[名] フランス人

付　　録

地名、曜日と月の名、数詞

地名

Ադրբեջան	アゼルバイジャン
Աթենք	アテネ
ԱՄՆ	アメリカ合衆国（単に Ամերիկա とも）
Անգլիա	イギリス
	（正式には Մեծ Բրիտանիա）
Անդրկովկաս	南コーカサス
Ասիա	アジア
Գերմանիա	ドイツ
Գյումրի	ギュムリ（アルメニア第二の都市、旧レニナカン）
Եգիպտոս	エジプト
Երևան	エレヴァン
Եվրոպա	ヨーロッパ
Թիֆլիս	トビリシ
Թուրքիա	トルコ
Իսպանիա	スペイン
Իտալիա	イタリア
Լեհաստան	ポーランド
Լիբանան	レバノン
Կահիրե	カイロ
Հայաստան	アルメニア
Հնդկաստան /həndəkastan/	インド
Հռոմ /hərrom/	ローマ
Հունաստան	ギリシア
Հունգարիա	ハンガリー

Լեռնային Ղարաբաղ　ナゴルノ・カラバフ(最近は Արցախ とも)
Ճապոնիա　日本
Մոսկվա　モスクワ
Շվեդիա　スウェーデン
Շվեյցարիա　スイス
Չինաստան　中国
Պարսկաստան　イラン、ペルシア(正式には Իրան)
Ռումինիա　ルーマニア
Ռուսաստան　ロシア
Ստամբուլ　イスタンブル
Վենետիկ　ヴェネツィア
Վիեննա　ウィーン
Վրաստան　グルジア(ジョージア)
Տոկիո　東京
Փարիզ　パリ
Ֆրանսիա　フランス

曜日

月曜日：երկուշաբթի /yerkuʃap‘t‘i/
火曜日：երեքշաբթի /yerek‘ʃap‘t‘i/
水曜日：չորեքշաբթի /ʧ‘orek‘ʃap‘t‘i/
木曜日：հինգշաբթի /hingʃap‘t‘i/
金曜日：ուրբաթ /urp‘at‘/
土曜日：շաբաթ /ʃap‘at‘/
日曜日：կիրակի

月

1 月：	հունվար	7 月：	հուլիս
2 月：	փետրվար /p‘etərvar/	8 月：	օգոստոս
3 月：	մարտ	9 月：	սեպտեմբեր
4 月：	ապրիլ	10 月：	հոկտեմբեր
5 月：	մայիս	11 月：	նոյեմբեր
6 月：	հունիս	12 月：	դեկտեմբեր

数詞（整数のみ）

基数

0	զրո /zəro/	20	քսան /k‘əsan/
1	մեկ, մի（後ろに名詞が来る際）	21	քսանմեկ
2	երկու		・・・
3	երեք	30	երեսուն
4	չորս	40	քառասուն
5	հինգ	50	հիսուն
6	վեց	60	վաթսուն
7	յոթ	70	յոթանասուն
8	ութ	80	ութսուն
9	ինը, ինն（続け書きする場合）	90	իննսուն /innəsun/
10	տաս(ը)	100	հարյուր
11	տասնմեկ /tasnəmek/	101	հարյուր մեկ
12	տասներկու /tasnerku/		・・・
13	տասներեք /tasnerek‘/	200	երկու հարյուն
14	տասնչորս /tasnəʧ‘ors/		・・・
15	տասնհինգ /tasnəhing/	1000	հազար
16	տասնվեց /tasnəveʦ‘/		・・・
17	տասնյոթ /tasnjot‘/	10000	տաս հազար
18	տասնութ /tasnut‘/		・・・
19	տասնինը /tasninə/	1000000	միլիոն

序数

1-ին	առաջին /arraʧ'in/
2-րդ	երկրորդ
3-րդ	երրորդ
4-րդ	չորրորդ
5-րդ	հինգերորդ
6-րդ	վեցերորդ
7-րդ	յոթերորդ
8-րդ	ութերորդ
9-րդ	իններորդ
10-րդ	տասներորդ
11-րդ	տասնմեկերորդ
12-րդ	տասներկուերորդ
13-րդ	տասներեքերորդ
14-րդ	տասնչորսերորդ
15-րդ	տասնհինգերորդ
	・・・
20-րդ	քսաներորդ
	・・・
100-րդ	հարյուրերորդ
101-րդ	հարյուր մեկերորդ

アルメニア語の複合語と接辞

・複合語

①後の要素が母音で始まる場合は、そのままつなぐ

դաս（授業）+ ընկեր（友人）→ դասընկեր（級友）

②後の要素が子音で始まる場合は、つなぎ母音 ա（古典語の属格形）を挿入

դաս（授業）+ գիրք（本）→ դասագիրք（教科書）

③前の要素が ի で終わる場合は、つなぎ母音が ե に変わる

գարի（麦）+ ջուր（水）→ գարեջուր（ビール）

④前の要素の幹母音が ույ の場合は、յ が脱落する

բույս（植物）+ կեր（食べること）→ բուսակեր（菜食主義者）

・複合語を作る際によく用いられる語

ցույց（表示を行うものを表すが、合成する際に前の要素のなった場合には、幹母音 ույ から յ が脱落する点に注意）

例：ցուցակ（表）、ցուցահանդես（公演）、
ժամացույց（時計）、օրացույց（カレンダー）

բժ, բուժ, բույժ（医師を意味する բժիշկ に代表されるように、医療に関係がある）

例：բժշկություն（医療）、բուժել（治療する）、
բուժարան（診療所）、
վերք（傷）→ վիրաբույժ（外科医）、
հոգի（魂）→ հոգեբույժ（精神科医）、
ատամ（歯）→ ատամնաբույժ（歯科医）

մերձ（「近い」、「類似の」という意味を表す）

例：մերձավոր（近い、最寄りの）、մերձափնյա（沿岸の）、մերձարևադարձային（亜熱帯の）、

քաղաքամերձ（郊外の）、մահամերձ（死期が迫った）

・接尾辞

-իկ, -ակ（縮小辞、小ささや親しみを表す）

例：տատ（祖母）→ տատիկ（お婆ちゃん）、
պապ（祖父）→ պապիկ（お爺ちゃん）、
գետ（川）→ գետակ（小川）、
տուն（家）→ տնակ（お家）

-իչ（「〜する人」や「〜する物」。一部形容詞化する語もある）

例：նկարել（描く）→ նկարիչ（画家）、
ուսուցանել（教育する）→ ուսուցիչ（教師）、
գրել（書く）→ գրիչ（ペン）、
համակարգել（システム化する）
→ համակարգիչ（コンピューター）、
հուզել（興奮させる）→ հուզիչ（魅力的な）

-եղեն（「〜類」といった集合名詞を表す）

例：բանջար（緑）→ բանջարեղեն（野菜）、
միրգ（果実）→ մրգեղեն（果実類）、
սպիտակ（白）→ սպիտակեղեն（シーツ）

-արան（建物や場所を表す）

例：դաս（授業）→ դասարան（教室）、
պահել（保存する）→ պահարան（戸棚）

-անոց, -ոց（収容施設を表す。あるいは数量表現と共に「〜のある」という意味の形容詞にする）

例：հյուր（客）→ հյուրանոց（ホテル）、
ամառ（夏）→ ամառանոց（別荘）、
բազմել（仰々しく座る）→ բազմոց（ソファー）、
հարյուր（100）→ հարյուրգրամանոց（100グ

ラムの)

-որդ（職業名や「～する人」を表す）
    例：որս（狩猟）→ որսորդ（猟師）、
        գնել（買う）→ գնորդ（購買者）、
        վարել（運転する）→ վարորդ（運転手）

-բան, -գետ, -տես（いずれも専門家や人の性格を表すが、どの語尾がつくかは、単語によって決まっている）
    例：լեզու（言語）→ լեզվաբան（言語学者）、
        սիրտ（心臓）→ սրտաբան（心臓病専門医）、
        տնտեսություն（経済）
          → տնտեսագետ（経済学者）、
        քաղաքականություն（政治）
          → քաղաքագետ（政治家）、
        լուր（ニュース、情報）→ լրատես（スパイ）、
        լավ（良い）→ լավատես（楽観主義者）

-ագույն（基本色以外の色を表すために他の名詞に付ける）
    例：նարինջ（オレンジ）→ նարնջագույն（オレンジ色の）、մանուշակագույն（すみれ色の）、
        վարդագույն（バラ色の）

-ենի（果実の名前に付けて、「～の木」という意味を表す）
    例：բալենի（さくらんぼの木）、խնձորենի（リンゴの木）、ծիրանենի（アンズの木）

・接頭辞
արտ(ա)-（「外へ」「よそへ」という意味を表す）
    例：արտագրել（書き写す）、արտահայտություն（表現）、արտասահման（外国）

գեր(ա)-（「最高の」「最上の」という意味を表す）
例：գերագույն（最高の）、գերմարդ（超人）

ենթ(ա)-（「下の」という意味を表す）
例：ենթակա（従属した）、ենթագիտակցություն（無意識）

թեր(ա)-（「不完全な」という意味を表す）
例：թերեփ（生煮えの）、թերակղզի（半島）、թերըմբռնել（生半可な理解をする）

հակ(ա)-（「反対の」「逆の」という意味を表す）
例：հակաբնական（不自然な）、հակադրել（対比させる）

համա-, հանրա-（「全」、「共通の」、「皆の」を表す）
例：համալսարան（大学）、համաշխարհային（全世界の）、հանրապետություն（共和国）、հանրագիտարան（百科事典）

մակ-（「〜上に」という意味だが、転義が激しい）
例：երես（顔）→ մակերես（表面）、անուն（名前）→ մականուն（偽名）

նախ(ա)-（「前の」という意味を表す）
例：նախաբան（前書き）、նախաճաշել（朝食をとる）

ներ-（「中の」という意味を表す）
例：ներմուծել（輸入する）、ներգաղթ（国内への移住）

վեր(ա)-（「上へ」「再び」という意味を表す）
例：վերելակ（エレベーター）、վերակառուցել（再建する）

ստոր(ա)-（「下の」という意味を表す）
例：ստորերկրյա（地下の)、ստորագրել（署名する）

փոխ(ա)-（「置き換え」「相互」「副」といった意味を付け加える）
例：փոխանցել（手渡す)、փոխհարաբերություն（相互関係)、փոխարքա（副王）

・使用頻度の高い品詞転換語尾

-ական（形容詞化語尾）
例：ընկեր（友達）→ ընկերական（友達の、友好的な)、
լեզու（言語）→ լեզվական（言語の)、
հայ（アルメニア人）→ հայկական（アルメニア人の)、ֆիզիկա（物理学）→ ֆիզիկական（物理学の）

-ային（形容詞化語尾）
例：ձմեռ（冬）→ ձմեռային（冬の)、
գիշեր（夜）→ գիշերային（夜の）

-յան（形容詞化語尾）
例：միջնադար（中世)→ միջնադարյան（中世の)、
Արևելք（東洋）→ արևելյան（東洋の)、
Արևմուտք（西洋）→ արևմտյան（西洋の)、
Ամերիկա（アメリカ）→ ամերիկյան（アメリカの）

-ե（材質を表す形容詞）
例：մարմար（大理石）→ մարմարե（大理石の)、
ոսկի（金）→ ոսկե（金製の)、
փայտ（木）→ փայտե（木製の）

-յա（材質または場所を表す形容詞）
例：երկաթ（鉄）→ երկաթյա（鉄製の)、
բուրդ（羊毛）→ բրդյա（羊毛の)、
ծովափ（海岸）→ ծովափնյա（海岸の）

アルメニア語の複合語と接辞 〔 94 〕

-ավոր（「～を帯びた」という意味の形容詞化語尾）
    例：նշան（印、兆）→ նշանավոր（重要な、有名な）、
        բախտ（運）→ բախտավոր（幸運な）、
        վերք（傷）→ վիրավոր（傷ついた）

ան-（否定の形容詞にする接頭辞）
    例：բախտ（運）→ անբախտ（不運な）、
        գույն（色）→ անգույն（無色の）、
        տուն（家）→ անտուն（ホームレスの）

տ-（否定の接頭辞。反意語の形容詞の語尾と異なる点に注意）
    例：կարող（可能な）→ տկար（弱い）、
        գեղեցիկ（美しい）→ տգեղ（醜い）、
        մարդկային（人間的な）→ տմարդի（非人間的な）

ապ-（否定の接頭辞）
    例：օրինական（合法の）→ ապօրինի（非合法の）、
        արդյունավետ（生産的な）→ ապարդյուն（非生産的な）

դժ-（否定の接頭辞）
    例：գոհ（満足な）→ դժգոհ（不満な）、
        բախտավոր（幸運な）→ դժբախտ（不幸な）

-անք（動詞の名詞化語尾）
    例：երազել（夢見る）→ երազանք（夢）、
        խնդրել（お願いする）→ խնդրանք（リクエスト）、
        զբոսնել（散歩する）→ զբոսանք（散歩）

-ք（動詞の名詞化語尾）
    例：վազել（走る）→ վազք（ランニング）、
        խոսել（話す）→ խոսք（話）、
        գովել（誉める）→ գովք（美辞麗句）

アルメニア語の複合語と接辞

-ույթ(動詞の名詞化語尾)
 例:հավաքել(集める)→ հավաքույթ(集まり)、
  մշակել(加工する)→ մշակույթ(文化)、
  երևալ(現れる)→ երևույթ(現象)

-ելի, -ալի(動詞の形容詞化語尾)
 例:զարմանալ(驚く)→ զարմանալի(驚くべき)、
  հասկանալ(理解する)→ հասկանալի(理解できる)、հաճել(喜ぶ)→ հաճելի(喜ばしい)、
  սիրել(愛する)→ սիրելի(愛しい)

-ապես(形容詞の副詞化語尾)
 例:գլխավոր(主要な)→ գլխավորապես(主に)、
  մոտավոր(およその)→ մոտավորապես(約)

-որեն(形容詞の副詞化語尾)
 例:ճիշտ(正確な)→ ճշտորեն(正確に)、
  ազնիվ(正直な)→ ազնվորեն(正直に)

-ովին(形容詞の副詞化語尾)
 例:լի(全体の、一杯、口語では լիք)
  → լիովին(全体的に)、
  բոլոր(全部の)→ բոլորովին(全く)

・使用頻度は下がるが、覚えておくと便利な品詞転換語尾
-ակի(動詞を形容詞化したり、数詞を倍数詞化したりする)
 例:որոշել(決定する)→ որոշակի(ある)、
  երկու(2)→ երկակի(2倍の)

-ան(「〜する人」「〜する物」、形容詞化語尾としても使われる
 例:դերասան(俳優(「役を言う人」が原義))、
  փակել(閉める)→ փական(弁)、
  կծել(刺す、噛む)→ կծան(よく噛みつく)

アルメニア語の複合語と接辞 〔 96 〕

-անի（数量表現を形容詞化する）
　例：չորսհարկանի（4階建ての）、եռոտանի（三脚）

-արար（形容詞化語尾）
　例：շինել（建てる）→ շինարար（建築の）、
　　　հիմնել（基礎づける）→ հիմնարար（基本的な）

-եղ（名詞を形容詞化する）
　例：ուժեղ（強い）、հյութեղ（汁気の多い）

-իք（名詞や動詞から派生語を作る）
　例：գործ（仕事）→ գործիք（道具）、
　　　ուտել（食べる）→ ուտելիք（食事）

-յալ（動詞から形容詞を作る）
　例：հավատալ（信じる）→ հավատացյալ（宗教の、信者）、անցյալ（過去の）

-ոտ（名詞から「過剰な」という意味の形容詞を作る）
　例：յուղ（油）→ յուղոտ（油っこい）、
　　　քարքարոտ（石ばかりの）、մազոտ（毛深い）

-ու（動詞から形容詞を作る）
　例：ազդել（影響する）→ ազդու（影響力のある）、
　　　կծել（刺す、噛む）→ կծու（刺激的な）

・使用頻度の低い品詞転換語尾
-կոտ（動詞を形容詞化する品詞転換語尾）
　例：ալարել（怠ける）→ ալարկոտ（怠惰な）、
　　　մոռանալ（忘れる）→ մոռացկոտ（物を忘れ易い）

-ուն, -յուն（動詞から「～する」を意味する形容詞や、「～するもの」を意味する名詞を作る。転義が起こる場合もある）
　例：ծաղկել（咲く）→ ծաղկուն（咲いている）、

　　　　թռչել（飛ぶ）→ թռչուն（鳥）、
　　　　հնչել（音がする）→ հնչյուն（発音）

-ունդ, -ուստ（動詞を名詞化する）
　　例：ծնվել（生まれる）→ ծնունդ（誕生）、
　　　　սնել（食べさせる）→ սնունդ（養育）、
　　　　կորցնել（失う）→ կորուստ（損失）、
　　　　հագնել（着る）→ հագուստ（着物）

目録進呈　落丁本・乱丁本はお取替えいたします。

平成 28 年 9 月 20 日　Ⓒ 第 1 版　発行

アルメニア語基礎一五〇〇語	編　者　吉　村　貴　之
	発行者　佐　藤　政　人
	発　行　所
	株式会社　大 学 書 林
	東京都文京区小石川 4 丁目 7 番 4 号
	振 替 口 座　00120-8-43740
	電話 (03) 3812-6281～3 番
	郵便番号 112-0002

ISBN978-4-475-01122-8　ロガータ/横山印刷/常川製本

大学書林
語学参考書

著者	書名	判型・頁数
千種眞一 著	**古典アルメニア語文法**	A5判 408頁
千種眞一 編著	**古典アルメニア語辞典**	A5判 792頁
佐藤純一 著	**ロシア語史入門**	A5判 432頁
阿部軍治 著	**独習ロシア語**	B6判 312頁
阿部軍治・ゴルボフスカヤ 編	**ロシア語会話練習帳**	新書判 236頁
阿部軍治・山田恒 編	**ロシア語分類語彙集**	新書判 336頁
中井和夫 著	**ウクライナ語入門**	A5判 224頁
黒田龍之助 編	**ウクライナ語基礎1500語**	新書判 192頁
黒田龍之助 編	**ベラルーシ語基礎1500語**	新書判 182頁
松長昭 著	**アゼルバイジャン語文法入門**	A5判 256頁
松谷浩尚 編	**アゼルバイジャン語会話練習帳**	新書判 168頁
石川達夫 著	**チェコ語初級**	A5判 400頁
石川達夫 著	**チェコ語中級**	A5判 176頁
金指久美子 編	**チェコ語基礎1500語**	新書判 200頁
小原雅俊 編	**ポーランド語会話練習帳**	新書判 160頁
小原雅俊 編	**ポーランド語基礎1500語**	新書判 192頁

—目録進呈—